U0088203
生命中
的時光
Best Days:
130 stories about love.
130個關於愛的故事
Best Day用心，
愛就會緊握在你手中，每天你都能感受到新的領悟。
那就已不再是普通意義上的愛了。那更是一種真摯而純潔的祝福。

永續圖書線上購物網　讀品文化事業有限公司

WWW.foreverbooks.com.tw　yungjiuh@ms45.hinet.net

思想系列 59

生命中最棒的時光：130個關於愛的故事

編　　著　羅惠娟
出 版 者　讀品文化事業有限公司
執行編輯　林美娟
美術編輯　蕭佩玲

總 經 銷　永續圖書有限公司
TEL／(02)86473663
FAX／(02)86473660
劃撥帳號　18669219
地　　址　22103　新北市汐止區大同路三段 194 號 9 樓之 1
TEL／(02)86473663
FAX／(02)86473660
出 版 日　2015年08月

法律顧問　方圓法律事務所　涂成樞律師
CVS代理　美璟文化有限公司
TEL／(02)27239968
FAX／(02)27239668

國家圖書館出版品預行編目資料

生命中最棒的時光：130個關於愛的故事 /
羅惠娟編著. -- 初版.-- 新北市：讀品文化,
民104.08 面；　公分. -- (思想系列；59)
ISBN 978-986-453-002-1(平裝)
1.愛 2.通俗作品
199.8　104010388

前言

每次打開電視整天的新聞不外乎是政治、暴力、治安、動亂、飲食安全……等負面消息，面對這些消息總是搞得人心惶惶滿肚子怨氣沒處發洩，如此惡性循環連環轟炸的負面情緒在生活上造成一種灰色心理的氛圍。

現在社會上有很多人每天努力辛苦的工作，渴望得到金錢，渴望付出後能得到豐厚的回報，但有些人卻是希望能得到愛。哲學家喬治艾略特所說：「如果我們想要更多的玫瑰花，就必須在更多人的心中種下玫瑰。」這句話所表達的意思是，如果要世界多一些愛，就必須在更多的人心中種下愛的種子。本書中收錄許多關於愛與真誠的故事，希望可以透過這些故事來潤澤那些被塵封的心靈，滋養那些在生活的風雨中被負面情緒所控制的人們。如果你感覺某些故事會讓你感動落淚，或者讓你會心一笑又或者使你有溫馨的感覺，你不僅要真誠地面對自己的感覺，還要記住把這些故事和你的感受與你的朋友或家人一起分享、品味，一起體會生命中最棒的愛。

用心，愛就會緊握在你手中，每天你都能感受到新的領悟。

目錄

第一章 無盡的愛

第二章 親情的滋味

第三章 幸福的滋味

第四章　生與死的感悟

第五章 愛的寓言

第六章 朋友之情

第七章 愛的滋味

第八章 愛的領悟

第一章

無盡的愛

當你長大成人後，也許你會在不經意間回憶起那寬厚的、
自己曾騎坐過的雙肩，那條曾經無數次被雙親接送過的上學的小路，
那一記因為自己淘氣而落在屁股上的巴掌，
那雙佈滿老繭的手遞過來的褶皺未平的零花錢……
也就是在此時，你也許才能真正懂得親情的含義，
真正意識到你一直是多麼幸福地被愛包圍著。

他是我爸爸

在一個懸崖上方，有一個藝高膽大的特技演員正以熟練的技巧表演走鋼索，他自如且快速地在鋼絲上來回穿越。他精湛的技巧，博得所有觀賞者一致的喝采。於是特技演員對觀眾說：「有誰願意上來，讓我背著他穿過這個懸崖？」觀眾裡沒有一人敢上去，只有一個小男孩勇敢地跑上前，願意讓特技演員背著他走鋼索。

當他們平安地穿過懸崖後；人們好奇地問小男孩：「你為什麼敢讓這人背你走這危險的鋼索？」

小孩得意地說：「因為他是我爸爸。他是全世界最棒的特技演員。」

- **在孩子心中，父親是最值得信賴的人**

在孩子眼中，父親是最勇敢、最有能耐的人；在孩子心中，父親更是最值得信賴的人。

每晚的故事

眨眼之間，女兒已經五歲了，從出生至今，父親因為身在軍旅，很少有時間陪伴她，而妻子也忙於工作，很少有時間照顧女兒，因此女兒是跟著祖母長大的。

舊曆年底，父親回老家接女兒團聚，回到家時，女兒站在遠處看著父親，就是不肯開口叫聲爸爸。到了夜裡，女兒卻要和父親睡在一起，剛進入被窩，她依偎在父親身邊輕輕地叫了聲「爸爸」，這一句「爸爸」使做父親的心中一熱，眼淚差點落下來。

「爸爸，講個故事給我聽好嗎？」女兒輕輕地問父親，父親有些吃驚地看著她，心中動過一念：女兒長大了，她想知道外面世界了。於是，父親便開始講了幾個大灰狼、小山羊之類的故事。

講完一個，他總以為她會睡著了，才剛停下來，她又說句：「再講一個就不講了。」那神情就跟真的一樣，憨態可掬。

於是，父親只好使出渾身解數，把什麼農夫與蛇、龜兔賽跑之類的故事從貧乏的腦袋裡擠了出來，女兒才慢慢進入夢鄉。

第二天醒來，女兒還在被窩裡便又纏著父親講新的故事，而且她竟能把昨晚父親講的故事還原八九成。「這孩子真是聰明！」父親心生欣慰著。聽人說，喜歡聽故事、提問題的孩子特別聰明，父親自忖自己的女兒還有些聰明，便想給女兒講更多的故事。

於是父親便時常上書局購買新的閱讀刊物，以應付女兒種種奇奇怪怪的疑問。父親用每晚的故事陪女兒度過了童年無憂無慮的日子。女兒在健康成長的同時，父親的知識也豐富了起來。

・父親是一本讀不完的書

在父親眼中，孩子是自己的未來，父親往往用一種默默的方式陪伴自己的孩子度過每一個有意義的白天和夜晚，而不論長大的孩子們是否能記住父親的付出。

父親的禮物

耶誕節快要到了。史蒂芬對父親說想要的聖誕禮物是一匹小馬，為了使父親充分理解自己的要求，他強調說，除了小馬，別的禮物自己一概不要。

「除了小馬，別的一概不要嗎？」父親問兒子。

「一概不要！」兒子回答。

「一雙高筒皮靴也不要嗎？」

史蒂芬猶豫了一下，想到自己確實喜歡高筒皮靴，但他不想改變初衷：「不要！我不想要皮靴！」

「那麼糖果呢？聖誕老人通常是把禮物塞進襪子裡的呀！小馬怎麼能塞進襪子裡呢？」史蒂芬想了想，他知道聖誕老人將從煙囪鑽進屋子，那麼他怎麼能帶一匹小馬鑽進煙囪呢？但史蒂芬還是堅決地說，想要的就是一匹小馬，如果得不到小馬，就什麼也不要！

在平安夜的夜晚，史蒂芬把自己的長襪與姐妹們的長襪並排掛在一起。第二天耶誕節，史蒂芬和姐妹們在早晨六點醒來。史蒂芬急匆匆地跑下樓，來到壁爐前，各種各樣精美的聖誕禮物堆放在那裡，姐妹們跪在地毯上，面對著一堆禮物，她們驚喜地歡叫著，但只有史蒂芬的襪子是空的，依舊掛在那裡，空扁扁的。史蒂芬覺得忿忿不平，起身穿好衣服，獨自來到馬棚裡，看見周圍無人，他傷心地暗自落淚。

史蒂芬傷心地閒逛到房前，坐在了門前的臺階上。史蒂芬看見父親不時向窗外張望，他無言地看看史蒂芬，又似乎在期待著什麼。他把窗簾拉開，想躲開史蒂芬的視線，但是史蒂芬仍然可以看到父親的臉，一副焦慮不安的臉。

過了一兩個小時，史蒂芬遠遠望見一個人牽著馬沿街走來。那是一匹小馬，馬背上有一副嶄新的鞍座——是自己見過的最精美的馬鞍，而且是一副兒童馬鞍。在近一點時，史蒂芬清楚地看到了一匹真實的小馬，黑鬃黑尾，額頭上有一顆白星。

這是一匹史蒂芬夢寐以求的小馬啊！當那個人走過來，口中念著每家的門牌號碼，史蒂芬心中升起希望，一種不敢奢想的希望。

可是，馬夫從他家門前走過去了，連同那匹小馬，還有那嶄新的馬鞍。

太殘酷了！史蒂芬跌坐在門前，雙手抱頭，眼淚又湧了出來，突然史蒂芬聽見一句問話：「喂！小朋友，你認識一個叫列尼・史蒂芬的男孩嗎？」

史蒂芬收拾起淚眼，看見牽小馬的人站在自己面前。

「噢！」史蒂芬惶惑地甩掉眼淚，「就是我。」

「太好了！這是給你的小馬。我一直在找你的家，你家大門上的號碼為什麼不釘在顯眼的位置呢？」

欣喜湧上心頭，史蒂芬跑了下去，急不可耐地要騎小馬。

那個牽馬人繼續嘟囔著：「我七點鐘就來了，但是找不到。」此時的史蒂芬根本聽不見他在說什麼。

史蒂芬騎上馬，高興的在街上跑起了來。

在街上跑了一會兒，史蒂芬調頭跑回到自家馬棚。

全家人都沈浸在歡樂中，都在為史蒂芬忙碌著，他們把馬棚馬具收拾得井井有條。

史蒂芬為自己對父親的態度和不信任感到了愧疚。

這是一個多麼美妙的耶誕節啊！

・默默地付出

父親精心籌劃的節日，可能會發生小小的意外，不要誤會父親，要相信他答應過你的就一定能辦到。

父親

每年八月的父親節，那些以盈利為目的的廣告投入多得驚人，像出售賀卡、鮮花和領帶，還有長途問候電話等等。儘管作為父親的約翰並不在乎那些表面的東西，不過每到這一天，他發現自己仍然非常期待孩子們的衷心問候，如果哪個不打電話、寫信或來看他，他一定會很失望。

他從未認真考慮過作為父親的含義。直到他二十一歲結婚後，第一個兒子就要降臨了，他開始夢想著即將要出生的兒子的一切，他想像著兒子由一個幼嫩的嬰兒變為一個真正的男子漢，精力旺盛、寬以待人、博學多才並且受人尊敬，夢想他會成為一個前途無量的人。

回想自己做父親的歷程，他想起了自己鬧的第一個笑話，那是在孩子剛出生後的幾分鐘，他站在嬰兒室的玻璃隔牆外面，看著護士抱起新生的兒子，因為難產，兒子的頭像腫了個大包，樣子有點怪，臉上也青一道紅一道，亂七八糟的。

當時的他又急又怕，他想到這個新生的、那麼純潔的小東西，還什麼都不知道，自己就遺傳給他那麼難看的樣子，為此他還深深地感到內疚，好像是他把兒子弄成那個怪樣子！

這時，護士已把兒子放回了小床，也許是細心的護士察覺到了他的擔心，走過來向他保證說：「不要緊的，最困難的時候已經過去了，到晚上，一切都會正常的。」她說的完全正確，到晚上約翰再見到兒子時，他已是一個粉紅的、可愛的小人兒了，他頓時感到當時的擔心真是多餘而可笑。

四十一年的考驗和挫折，教會了作為父親的約翰許多東西，他體會到做一個父親是多麼的不易，即使在生活比較好過的時期也是如此。

兒子出生一年多後，約翰的第一個女兒來到了人間。

那時，他已經學會了如何給孩子換尿布和泡牛奶。醫院已允許父親進入產房迎接新生兒，是他和護士一起把新生的女兒從產房推到病房的。

那時，妻子還沒從產房出來，只有約翰和女兒在一起，他彎下腰，目不轉睛地凝視著女兒，看著她睡得那麼香，「真是個不可思議的小東西」。

時間在一分一秒地過去，他忽然感到一陣強烈的恐慌：「這是個女孩啊！如果她突然需要什麼我該怎麼辦？女孩是不是需要父親的特殊照料？在這個充滿危險的世界裡，我怎樣才能保護她不受傷害？」

回首往事，約翰認為值得驕傲的應該是「父親」這個角色的神聖感，而不是發號施令的權威。

他認為一個父親應該能解答一切問題，有戰勝一切的自信，這讓他想起當年自己的父親就是這樣做的，儘管他英年早逝，但他那種天塌下來都不會眨下眼睛的神情，讓約翰終生難忘。不過，他也知道即使在他的父親看上去最堅定不移的時候，他的心裡也不是沒有疑惑，只不過是不容易看出來罷了。

畢竟作為父親，有責任讓孩子們感到安全，而他控制局面的辦法就是不讓人們發現他的脆弱。

・只有身為人父才會知道父親的含義

「父親」這個角色值得驕傲的是它的神聖感，而不是發號施令的權威；父親應該能解答一切問題，有戰勝一切的自信；父親是用生命來保護自己孩子們的安全，而他控制局面的辦法就是不讓人們發現他脆弱的一面。

不會表達的愛

他不懂得怎樣表達愛，使一家人融洽相處的是他的妻子，也是孩子們的媽媽，他只是每天上班下班，而妻子則把孩子們做過的錯事列出清單，然後交由他來責罵孩子們。小兒子偷了一塊糖果，他堅持要兒子把它送回去，並向店家道歉，還要為賣糖的老闆拆箱卸貨作為賠償；女兒在運動場盪鞦韆摔斷了腿，在前往醫院途中一直抱著女兒的是妻子。作為父親的他開著車把汽車停在急診室門口，醫院的人叫他把車開離急診室門口，說那空位是留給緊急車輛停放的，他聽了便叫嚷道：「你以為這是什麼車？旅遊車？」

在孩子們的生日會上，他總是顯得有點不大相稱，只是忙於吹氣球，佈置餐桌，做雜務，然而，最後把插著蠟燭的蛋糕推過來讓孩子們吹的總是妻子；翻閱相冊時，朋友們總是問：「你爸爸是什麼樣子的？」天曉得！他老是忙著替別人拍照，妻子和孩子們笑容可掬地一起拍的照片，多得數不勝數。

一次，妻子叫他教兒子騎自行車，兒子膽怯地祈求他別放手，但他卻說是應該放手的時候了。兒子摔倒之後，是妻子跑過去將兒子扶起來，而他卻揮手要妻子走開，兒子當時生氣極了，於是馬上再爬上自行車，而且自己騎給他看。他，此時只是微笑。

孩子念大學時，所有的家信都是妻子寫的，他除了寄支票以外，只寄過一封明信片給兒子，上面寫道因為他上學後就沒有人在草坪上踢足球，所以家裡的草坪現在都長得很美。

孩子們每次打電話回家，其實他很想跟孩子們說說話，但話到嘴邊總是變成：「我叫你媽來聽。」

孩子們結婚時，掉眼淚的是妻子，他只是大聲擤了一下鼻子，便走出房間。

孩子們從小到大都聽他說：「你要去哪裡？」「什麼時候回家？」「汽車有沒有油？」「不准去。」而妻子總是說：「小心。」「早點回家。」

・父愛的表達

如果父親做好一個漂亮的風箏，他總會交給孩子的母親，孩子收到母親給自己的風箏後，一起和母親玩耍、分享快樂。父愛的表達是如此簡單，看上去是如此平淡，只是不經意間，它已經深深地滲透進孩子生活中的每一個細節裡。

感悟生命

女兒在敲開她生命之門時，是不情願的，在妻子被折騰得七上八下之後，女兒來到了世上，女兒哭得起勁，舌頭在嘴邊不停地搜索，不知是口乾還是肚子餓。他像面對一件珍貴而易碎的花瓶，不敢動她，但又忍不住想去抱她。但是，女兒一枕在他的手中就立刻安靜了。他頓時感動了。在這個世上，從來沒有誰像她這樣，如此迅速，如此毫不保留地就這樣信任了他，依賴了他，今生今世，生命的締約就這樣結成了。他成了真正意義上的父親，他認為女兒把自己託付給他。不附加任何條件。從此，他就對她負有不可推卸的責任，這種責任，使他變得更加強大，強大到可以面對一切……

他再也不會為人生失意而沮喪，再也不會為沒錢而苦惱，再也不會因流落他鄉而困惑，再也不會為一時的成就而驕傲，他成熟了，因為他做爸爸了。

・初為人父

生命中有許多第一次，沒有任何一個第一次會像初為人父那樣幸福和神聖。

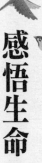

你總會和我在一起

一九八九年發生在美國洛杉磯一帶的大地震，在不到四分鐘的時間裡，使三十萬人受到傷害。在混亂和廢墟中，一個年輕的父親安頓好受傷的妻子，便衝向他七歲兒子上學的學校。他眼前，那個昔日充滿孩子們歡聲笑語的漂亮的三層教室樓，已變成一片廢墟。

他頓時感到眼前一片漆黑，大喊：「大衛，我的兒子！」跪在地上大哭了一陣後，他猛地想起自己常對兒子說的一句話：「不論發生什麼，我總會跟你在一起！」他堅定地站起身，向那片廢墟走去。

他知道兒子的教室在樓的一層左後角處。他疾步走到那裡，開始動手。

在他清理挖掘時，不斷地有孩子的父母急匆匆地趕來，看到這片廢墟，他們痛哭並大喊：「我的兒子！」「我的女兒！」哭喊過後，他們絕望地離開了。

有些人上來拉住這位父親說：「太晚了，他們已經死了。」

這位父親雙眼直直地看著這些好心人，問道：「誰願意來幫助我？」沒有人給他肯定的回答，他便埋頭接著挖。

消防隊長攔住他：「太危險了，隨時可能發生起火爆炸或第二次崩塌，快離開。」

警察走過來：「你太難過，難過的無法控制自己，這樣不但不利於你自己，對其他人來說也很危險，回家去吧。」

這位父親總是只有一句話：「誰願意幫助我。」人們都搖頭歎息著走開了，都認為這位父親因失去孩子而精神失常了。而這位父親心中只有一個念頭：「兒子在等著我。」

他挖了八小時、十二小時、二十四小時、三十六小時，沒人再來阻擋他。他滿臉灰塵，雙眼佈滿血絲，渾身破爛不堪，到處是血跡。到第三十八小時，他突然聽見底下傳出孩子的聲音：「爸爸，是你嗎？」

是兒子的聲音！父親大喊：「大衛！我的兒子！」

「爸爸，真的是你嗎？」

「是我，是爸爸！我的兒子！」

「我告訴同學們不要害怕，說只要我爸爸活著就一定會來救我，也就能救出大家。因為爸爸說過：不論發生什麼，你總會和我在一起！」

「你現在怎麼樣？有幾個孩子活著？」

「我們這裡有十四個同學，都活著，我們都在教室的牆角，房屋塌下來剛好形成一個大三角形，我們沒被砸到。」

父親大聲向四周呼喊：「這裡有十四個孩子，都活著！快來人。」過路的幾個人趕緊上前來幫忙。

五十分鐘後，一個安全的小出口被開出來。

父親聲音顫抖地說：「出來吧！大衛。」

「不！爸爸。先讓別的同學出去吧！我知道你會跟我在一起，我不怕。不論發生了什麼，我知道你總會和我在一起。」

這對了不起的父與子在經過巨大災難的磨難後，無比幸福地緊緊擁抱在一起。

・在一起

一句簡單的在一起，涵蓋了世間最真的情感，一種自孩子降生人世後父親就給予孩子的承諾，是一個一生不變的承諾。

母親的膏藥和女兒的草帽

盛夏，她送女兒去外婆家小住幾日，回來才想起忘了給女兒帶草帽，要在烈日驕陽下趕鴨子的女兒不知道要曬脫幾層皮，她不禁暗暗心疼起來。於是千方百計托人帶草帽給女兒，在家裡尋找草帽時，無意間翻出了還是冬天時給母親買的膏藥。

去年元旦回家，看見母親走路有點拐，便問她怎麼了，母親說風濕病又犯了，晚上母親脫下棉褲給她看，腿上是拔罐子留下的一個個相疊的紫色圓痕。回來便匆匆給母親買了一堆風濕膏，想托人帶回去。幾次之下都沒找到人托回去，不知又被什麼事耽擱了，便放置一邊想晚點再說，誰料這一緩就緩到了盛夏。望著手上這兩樣東西，沈思良久，她不禁一陣愧疚湧上心頭。

自己是母親的女兒，又是女兒的母親，是連著她們倆的一根結，一個扣。

女兒是一片頂著草帽的希望，一天天，在飛逝的時光裡不斷長高，女兒身上承載著幾輩人的希望，也是自己未完成理想在現實中的化身，女兒似乎理應生長在自己無限的鍾愛裡，賴在自己懷裡撒嬌，躺在自己腿上耍賴，繞在自己脖頸軟語呢喃，而自己也應把所有的愛與關懷化做雨露甘霖，澆灌這朵嬌嫩的小花，同時也收穫一份付出後的天倫之樂。而母親卻似收穫後的麥茬，生命的價值已被季節的無情掠走，只剩下短短一截露出地面，向世人昭示著生命曾有的美麗，而且季節的輪回很快就會把它化成滋潤大地的養分。而自己作為母親身上割下的麥，卻從未回頭顧盼一下還在蒼茫大地間暗自悲涼的母親。有時，她想自己是一棵樹，女兒生活在自己細密的濃蔭裡。

女兒的每一天都是新鮮的、未知的，而母親的每一天都是已知的，且一天比一天老邁，對未知的事物肯於付出自己百般的努力，而對於已知的事物卻靜靜等候它的到來，這是人們的積習？還是自己的千般藉口，百般抵賴？

仔細想想，自己也只是在某一段生命枯萎時，或是心靈遭受傷害、生活困頓、情感挫折時才會想到母親；而當自己裝扮著美美的時候，徜徉在繁華世界的時候，流連在喧鬧的KTV的時候，奔波在街頭鬧區市中心的時候，卻不曾想起過母親，而在這世上所有的點點滴滴幸運哪一樣不是母親的善良和無私換來的。

•母親是在秋季裡陪伴自己隨風飄回家鄉的一片枯葉

天下的母親都活在無限的牽掛中。在你忙碌之餘，別忘了多給家裡打幾個電話，問候一聲年邁的母親，說幾句體貼的話語，因為母親時時都在牽掛著在外的你。

子莫如母

所有的母親都相信自己的孩子是不同凡響的，珊妮和尼克的母親茉莉也不例外，每次學校召開家長會，她都熱心地去參加，想聽到珊妮在班上名列前茅的喜訊；凡是有尼克參加的曲棍球比賽，她也每場必到，相信他一定能進球；珊妮和尼克上完鋼琴課或溜冰課後，她總是盼望能聽到老師對他們的讚賞。雖然，結果往往令她失望。

當孩子們還年幼時，茉莉就認定他們是有才氣的。尼克兩歲時就能識二十六個字母，然而他上小學一年級時，卻被分在後段班，她立刻去找他的老師。

女教師說：「別擔心，到時候他會跟上的。」

尼克上五年級時，學習是跟上來了，但在班裡成績平平，並未超過其他同學。

尼克決定參加學校的樂隊，為了給他買一件合適的樂器，茉莉跑遍了全城，最後，尼克選中了雙簧管。

售貨員提醒他：「雙簧管很難學，你為什麼不試一試單簧管呢？」

尼克搖搖頭：「我要跟別人不一樣。」

當時，茉莉確實為他感到驕傲，覺得這就是他勝過別人的地方。尼克剛開始學吹雙簧管時興致很高，可是後來愈練愈少。茉莉不斷地督促他，但最後他還是半途而廢。

茉莉也終於承認自己失敗了。有一天，她在雜貨店碰見一個鄰居，鄰居的女兒是樂隊長笛手，茉莉便問鄰居：「你的女兒練得怎麼樣？」當時茉莉真希望聽到鄰居說她的女兒也失去了興趣。

但是，鄰居卻說：「哦！我簡直聽膩了，她整天都在吹長笛。」於是，茉莉不再指望尼克能當上音樂家了。

茉莉的第二個孩子珊妮是個活潑好動的女孩，茉莉曾相信有朝一日珊妮會成為體育冠軍。可是有一天珊妮從幼稚園回到家裡大哭時，使她的希望破滅了。茉莉問她：「出了什麼事呀？寶貝！」

女兒抽噎著說：「老師說我短跑跑得不對。」

於是，在下個星期，茉莉和珊妮一起練短跑，費了好大的勁，好不容易使她領會了要領，茉莉卻再也不奢望珊妮成為奧運會選手了。茉莉常常鼓勵孩子們什麼都要試一試，體操、游泳、滑冰、音樂等，雖然他們尚未顯示出特殊的才能，但茉莉仍相信自己的孩子是特殊的人，並一直鼓勵他們盡力發揮其所長。作為母親就應該望子成龍，讓孩子知道母親相信他們會出人頭地。孩子需要這種支援，因為他們尚缺乏自信心。他們希望聽到人們的掌聲，尤其希望聽到母親的掌聲，母親的呼喚將鞭策他們前進。茉莉也常常回憶起自己的母親，感到自己辜負了母親的期望。每當她把成績單帶回家時，母親揪住不放的總是那門只得到丙的成績，並質問她為什麼考了個丙。

當時她只是個孩子，為此感到憤憤不平，但當她逐漸長大時，知道母親是對的，她沒有盡她所能。她也知道母親從不指望她做一個佼佼者，只要求她盡力而為。

在尚未發掘出母親所希望的那種潛力之前，母親就病故了。母親對茉莉抱有那樣大的信心，以致茉莉自己也不得不承認自己是可以的。

現在輪到茉莉自己的孩子認為茉莉對他們要求過高了。一天晚上，尼克在與茉莉談論他的學習成績時說：「得到丙就夠了。」他又說，「誰說過我聰明？只有你一個人這樣想。」

「沒錯，尼克，」茉莉告訴他，「我的確這麼認為，所以我知道你能做得更好。」

・母親眼中沒有差的孩子

母親總認為自己的孩子是最棒的。從他出生那一刻起，母親就在他身上寄予厚望。母親相信他與眾不同，相信他能出人頭地做一個佼佼者。母親信任孩子，支援孩子。而孩子的成長更需要母親的呼喚和鞭策。

糖炒栗子

十元一斤，女孩看到老人栗子色滄桑的臉，不忍殺價，掏出十元遞過去。糖炒的栗子捧在女孩手中，不禁喚起她對小時候的記憶。很小的時候，她從不諱言家境的清貧，她那省吃儉用的媽媽恨不能把一分錢掰開來花。但，糖炒栗子的誘惑，是一個孩子無法抵擋的。她牽著媽媽的衣角，生怯地說：「我想吃……」媽媽拉她要走，賣栗子人眼中的嘲弄卻激怒了媽媽。媽媽毅然掏出打算買月餅的錢為她買了二斤栗子。

那是中秋節，她和媽媽及家人吃著栗子賞月，那天的月亮特別圓特別美。十幾年後，她衣食無憂的生活反而今她更加懷念那個有著美麗月亮的中秋夜。她偶爾在超市買些栗子小心翼翼地捧到媽媽面前，媽媽滿足地笑著，眼角的皺紋又深又重：「傻孩子，媽媽咬不動啦！」她低著頭，看到自己的淚水落在糖炒栗子上，慢慢地變乾。

・母親是歲月滄桑的證明

母親總是在自己能夠享受的時候，把享受的機會讓給身邊的孩子。隨著歲月變遷，當母親已不用再為兒女們操心時，她也失去了享受的機會和能力。

雨中的風景

母親：「雨太大了。孩子，媽媽抱你走吧。」

兒子：「媽媽，我自己能走。您身體不好，我拉著妳走吧！」

那話如一縷柔和的風，如一股春天的暖流傳遍了雨中，竟讓人有一種莫大的感動。小男孩只有六、七歲，樣子乖乖的。穿著一身短衣服，一雙手牽著母親，緊緊地跟著母親的腳步，惟恐落在後面。母親舉傘的手不停地把雨傘往兒子那邊移，她一半的身體淋在雨中，但是在她的臉上卻充滿著幸福而滿足的笑意。

「媽媽，妳不是說我是男子漢嗎？男子漢是不怕雨的。」他說著將傘推向媽媽。雨滴仍是有節奏地打在他們的傘上，但似乎此刻沒有雨，也沒有風，而是一種溫馨的親情。

‧母愛是溫暖的心泉

親情是能看到的真情與美麗，儘管有時那只是片刻的畫面，卻能成為永恆的記憶。

母親的愛

冬季，葉子收到了母親寄來的兩件毛衣，全是母親親手織的，柔軟、漂亮。葉子雙手捧著這溫暖而合身的衣服，內心有種說不出的感動。母親的身體不好，可想而知這毛衣耗費了她多少的心血、多少汗水……葉子的眼淚，一滴滴地落在了毛衣上……

這幾年，葉子一個人漂泊在外，有歡樂、更有憂傷，有希望、也有失望。秋風颯颯的季節裡，她會收到母親寄來的一條長絲巾；炎熱的夏季，會收到母親寄來的一條漂亮的連衣裙。遠離家鄉的葉子，為生存而奔波著，回報母親的似乎只有那薄薄的兩頁信紙。忽然間，葉子發現了一根白髮——就在這紅紅的毛衣上，她撿起來，心裡一沈，難道這是母親的頭髮嗎？記憶中的那個有著一頭烏黑靚麗長髮的母親，那個喜歡打扮，年輕漂亮的母親，再也找不回來了嗎？

母親說，她的愛是不需要回報的，只要葉子能好好地成長和生活，就是她最大的快樂。

在這白髮裡，在昏黃的燈光中，葉子輕輕地把毛衣貼在臉頰，體味著它如同母親的胸膛一樣的溫暖，如同母親的細語一樣的悠悠深情。

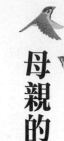

・母愛是最動人的情懷

母親的愛彷彿是那潺潺的溪水，時刻滋潤著兒女柔弱的心。若整個世界都拋棄了你，母親卻會一直在你身邊支援你，安慰你；而若你贏得了認同和掌聲，母親卻又會躲在你身後默默地為你祈禱和高興。

選擇

五位丈夫被問到同樣一個問題：假設你和母親、妻子、兒子同乘一條船，這時船翻了，大家都掉進了水裡，而你只能救一個人，你會救誰？

這問題很老套，卻的的確確不好回答，於是——

理智的丈夫說：「我選擇救兒子，因為他的年齡最小，今後的人生道路最長，最值得救。」

現實的丈夫說：「我選擇救妻子，因為母親已經經歷過人生，至於兒子，有妻子在，我們還會有新的孩子，還會有個完整的家。」

聰明的丈夫說：「我會救離我最近的那個，因為離我最近的那個最可能被救起來。」

滑頭的丈夫說：「我救兒子的母親。」至於是指他自己的母親還是兒子的母親，就讓問者去猜好了。

輪到老實的丈夫回答了，但他確實不知道應該怎樣選擇，於是他只有回家把這個問題轉述給自己的兒子、妻子和母親，問他們自己應該怎麼辦。

兒子不屑地說：「我們這裡根本沒有河，怎麼會全家落水呢？不可能！」他的年齡使他只會樂觀地看待目前和將來的一切。

妻子則對丈夫的態度大為不滿：「虧你問得出口！你當然得把我們母子都救起來。我才不管什麼只救一個的鬼話呢？」女人總是認為丈夫必然有能力，也必須有能力擔負起他的責任。

母親沒等他把話說完，已經大吃了一驚，緊緊抓住兒子的手，驚慌地說：「兒子啊！我們都掉進水裡了，你不是也掉進水裡了嗎？我要救你！」老實的丈夫頓時熱淚盈眶。

・母愛是無私的給予

自從出生那一天起，母親就把孩子的生命視為她自己的生命，甚至比自己的生命還要珍貴，她活著甚至好好活著的一切理由只是因為要孩子更好地活著。

我是母親的蒲公英

安雅告訴母親，自己被挑選在一部戲裡演公主。在以後的幾周裡，母親總是不辭辛苦地幫安雅排練、記臺詞。然而無論在家裡排練那些臺詞說得多麼流利，可是一旦上了台，安雅就將臺詞忘光了。沒辦法，老師只好讓安雅擔任旁白者的角色。儘管老師在向她解釋時態度十分溫和，但是她依然感到陣陣的心痛，特別是看到「公主」由另一個小女孩扮演時，安雅的心被刺痛了。回家後，她沒有把這件事告訴母親，但母親卻看出了安雅的不安。母親沒有像往常那樣提出幫安雅排練，而讓她跟著自己到屋後的園子裡去走走。玫瑰花的葉子已經綠了，葡萄架上爬滿了藤條。母親彎下腰，隨手拔起了一叢蒲公英說：「我想把這些雜草都拔掉，只留下玫瑰。」

「我喜歡蒲公英！即使是這些普通的蒲公英。」安雅嚷道。

母親凝重地望著安雅，意味深長地說：「是啊，每一種花都有它的出眾之處，也正是如此，才給人們帶來不同的歡樂。」安雅點點頭，心裡正在為自己說服了母親感到高興。接著母親又說：「對人來講也是這個道理啊，並不是每個人都能成為『公主』，但這並沒有什麼值得羞愧的。」

安雅想母親大概猜到了自己的心事，於是，她告訴了母親學校裡發生的一切，母親溫柔地笑著，仔細地聽著她的述說。

「我想妳會成為一個出色的旁白者，妳大概沒有忘記，以前妳很喜歡給我朗讀故事，而且旁白的角色和『公主』同樣重要啊。」

在母親的鼓勵下，安雅漸漸對扮演旁白者這個角色感到自豪。放學後的大部分時間，她都和母親反覆地朗讀自己角色的臺詞，並且談論演出時的裝扮。

正式演出的那一天，安雅感到緊張極了。就在演出開始的前幾分鐘，老師走過來對她說：「妳母親讓我把這個交給妳。」說著遞給她一束蒲公英。

儘管花已有點枯萎了，有些已從花束上飄落，然而看到這束花，安雅明白母親就坐在台下，頓時覺得自信多了。演出很成功，安雅把這束蒲公英帶回了家。並把它仔細細地夾在了一本字典裡。好多年過去了，每當夜深人靜的時候，安雅時常回想起小時候和母親度過的那些時光。儘管對整個人生來說那是短暫的，然而，從那些日復一日的簡單重複的生活中，以及日常生活裡的小事中，她感受到了深深的母愛。

・母愛是最不平常的牽掛

母親精心地照顧和培養著兒女，讓他們與眾不同，使他們出類拔萃。那些看似平常和簡單重複的小事，滲透了母親深深的愛。

母愛無言

探監的日子，一位來自貧困山區的老母親，經過乘坐驢車、汽車和火車的輾轉，來探望服刑的兒子。老母親給兒子掏出用白布包著的葵花子。葵花子已經炒熟，老母親全都嗑好了，沒有皮，白花花的，密密麻麻。服刑的兒子接過這堆葵花子肉，手開始發抖。她千里迢迢探望兒子，賣掉了雞蛋和小豬仔，還要節省許多開支才能湊足路費。那幾天，在白天的勞碌後，晚上在煤油燈下嗑瓜子。看著嗑好的瓜子肉像小山一樣一點點增多，她自己不捨得吃一粒。十多斤瓜子嗑亮了許多夜晚。

服刑的兒子低垂著頭。身強力壯的小夥子，正是奉養母親的時候，然而他卻不能。母親的衣服是所有探監人中最破爛的。兒子看著母親一口一口嗑的包含著千言萬語的瓜子，「撲通」向母親跪下，他悔悟了。

・母親的含義就是愛

母親無私地、默默地用自己的心和血滋潤著兒女們，她從不求回報，這是母親的天性。正是有這樣母親的溫暖，喚回了天下多少顆兒女們的心啊。

第二章

親情的滋味

忙忙碌碌的都市裡，親情像是梗葉浮萍般飄移得太遠……
這其中的各種滋味，無論它是甜、是苦，都值得細細品嘗。

棉衣

藥材商人來到村子，向村民收購靈芝，出價十分高。但此時正值冬季，高山上的溫度已經降到了零下幾十度，上山採靈芝十分危險，許多村民都不敢輕易上山。有父子三人決定冒一次險，因為商販出的價格實在太誘人了。他們登上了高山，並且到了冰川地帶，但卻一無所獲。

在回來的途中，山上起了暴風雪，氣溫驟降，年事已高的父親被嚴重凍傷，無法行走下山了。他倒在冰冷的雪地上，明白自己無論如何也走不下山了，便果斷地對兩個兒子說：「我不行了，你們快把我的衣服脫下來穿上，設法下山。」

兩個兒子不肯丟下父親，不願從父親身上脫下大衣，堅持要背父親下山。父親不斷斥責著他們這種自殺行為，但卻無法阻止他們。他們背著父親只走了一小段路，就迷失了方向，父親也昏過去了。

兒子們淚流滿面，一聲聲喊著「爸爸」。大兒子脫下身上的大衣蓋在父親身上，試圖把父親救回來。過了許久，父親已經沒有一絲氣息，大兒子也被凍傷了。他對弟弟說：「看來我要在這裡陪父親了。小弟，你把我的衣服脫下來穿上，設法走下山去，家裡還有母親、奶奶在等著我們。」

弟弟悲痛萬分，他摸摸父親，再摸摸哥哥，父親的身體已經僵硬，哥哥的身體還有一絲餘熱；他脫下自己的大衣，蓋在哥哥的身上，企圖救活他。

第二天，暴風雪過去了，父子三人倒在一塊兒，父親蓋著大兒子的大衣，大兒子蓋著小兒子的大衣，而小兒子只穿著一件薄薄的棉衣。

村民們把他們抬下山來，邊走邊流淚。

他們說：「什麼叫骨肉相連，他們父子三人就是。」

但是有人卻惋惜地說：「應該有兩個可以活下來，但他們錯過了。」

的確，如果兩個兒子穿上父親的大衣，徒手下山，是可以回到家的，但他們捨不得父親。一年後，他們的家人也在痛苦中鬱鬱而終。

・有時我們應該理智地看待愛

如果當年捨得一個人的生命，就可以保住四個人的生命，但他們在愛的面前，卻喪失了必要的理智。

有時候，捨棄是必要的。

家

有一個醉漢躺在街頭，警察把他扶起來，一看是當地的一位有名富翁。當警察說送他回家時，富翁說：「家？我沒有家。」警察指著遠處的別墅說：「你沒有家，那麼，那是什麼？」「那不是我的家，那只是我的房子。」富翁說。

家是什麼？一九八三年，發生在盧安達的一個真實的故事，也許能給家做一個貼切的注解。盧安達內戰期間，有個叫熱拉爾的人，二十七歲，他的一家有四十口人，父親、兄弟、姐妹、妻兒幾乎全部喪生。最後，絕望的熱拉爾打聽到五歲的小女兒還活著，於是輾轉數地，冒著生命危險他終於找到了自己的親生骨肉，他悲喜交集，將女兒緊緊摟在懷裡，第一句話就是：「我又有家了。」

• 家的含義

家是一個充滿親情的地方。你或許和大多數人一樣認為，家是一間房子或一個庭院，它可能是竹籬茅舍，也可能是高屋華堂，然而，當你或你的親人一旦從那裡搬走，一旦那裡失去了溫馨和親情，你還認為那兒是家嗎？

親人

有一個小男孩的姐姐由於生了重病，急需輸血，而恰好小男孩的血型和姐姐吻合，所以醫生徵求小男孩的同意，問他是否願意輸血給姐姐？

小男孩面露驚恐的樣子，猶豫了一會兒，咬著牙說：「好吧！」

輸血之後，小男孩面色蒼白地問醫生：「醫生，我什麼時候會死？」

・犧牲自己

原來小男孩誤以為輸血給了姐姐，自己就會死，所以之前的猶豫，正是在做出犧牲自己的重大決定。還有什麼情感比得上寧可用自己的生命去換取親人的生命更讓人感動的呢！

別為金錢拋棄親情

有一個人，十六歲便和朋友來到一座大城市工作，奮鬥了十幾年，事業小有成就，雖然稱不上富翁，但比起鄉下種田的兄弟，要有錢得多。

也不知是什麼心理，他對家鄉的人說，從此以後不再和兄弟姐妹往來。或許是他白手創業，財富得來不易，深恐仍處於貧窮狀態的兄弟姐妹拖累他。

他嘴巴上這麼說，行動上也這麼做著！財富越積越多，故鄉也越離越遠。

有幾次鄉下的親戚來到他家找他，而他竟連一頓飯也不招待，每次都找藉口有事躲開，甚至連他的老父親去看他都嫌煩。

十多年來，他只回過故鄉一兩次，然而回去並不是探望兄弟姐妹，而是炫耀他的財富。

後來，他的父母相繼過世了，兄長也都當上了祖父，而他自己則離了婚，年齡也已近五十。

大概是人到晚年，感受到了生命將盡的蒼涼以及失去雙親和妻子後精神的孤獨，他竟然主動邀請兄弟姐妹到家裡作客，逢年過節，也必回故鄉和親人團聚！

鄉人都說了他變了。

幸運的是，他的兄弟姐妹一樣接納了他。

‧不要為了金錢拋棄親人

別為了金錢而遠離親情，因為只有親情才能帶給你金錢所無法取代的精神依靠和安慰。也許你認為你很獨立，感情很堅強，不在乎親情的有無。那是因為你還年輕，當你上了年紀，便會感受到親情那種強有力的召喚。如果你在垂暮之年被兄弟姐妹拒絕，那將是多麼的孤獨。所以，當你努力賺錢，或已經賺了很多時，千萬不要拋棄親人。能享受親情的人是世上最幸福的人，這種幸福是金錢買不到的！

最美好的禮物

這一年的耶誕節，保羅的哥哥送給他一輛新車作為耶誕節禮物。耶誕節的前一天，保羅從他的辦公室出來時，看到一名男孩在他閃亮的新車旁走來走去，觸摸它，滿臉羨慕的神情。

保羅饒有興趣地看著這個小男孩，從他的衣著來看，他的家庭顯然不屬於自己這個階層，就在這時，小男孩抬起頭，問道：「先生，這是你的車嗎？」「是啊，」保羅說，「我哥哥給我的耶誕節禮物。」

小男孩睜大了眼睛：「你是說，這是你哥哥給你的，而你不用花一分錢？」

保羅點點頭。小男孩說：「哇！我希望……」

保羅心想小男孩希望的是一定要有一個這樣的哥哥。但小男孩說出的卻是：「我希望自己也能當這樣的哥哥。」

保羅深受感動地看著這個男孩，然後他問：「要不要坐我的新車去兜風？」

小男孩驚喜萬分地答應了。

保羅微微一笑，他想小男孩這麼高興一定是因為可以坐一輛大又漂亮的車子回家，在其他朋友的面前是件很神氣的事，但他又想錯了。

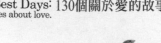

「麻煩你停在兩個臺階那裡，等我一下好嗎？」

小男孩跳下車，三步兩步跑上臺階，進入屋內，不一會兒他出來了，並帶著一個小女孩，小女孩因患小兒麻痺症而跛著一隻腳。他把女孩安置在下邊的臺階上，緊靠著坐下，然後指著保羅的車子說：「看見了嗎？就像我在樓上跟你講的一樣，很漂亮對不對？這是他哥哥送給他的聖誕禮物，他不用花一分錢！將來有一天我也要送妳一輛和這一樣的車子，這樣妳就可以看到我一直跟你講的櫥窗裡那些好看的耶誕節禮物了。」

保羅的眼睛濕潤了，他走下車子，將小女孩抱到車子前排座位上，小男孩眼睛裡閃著喜悅的光芒，也坐了上來，於是三人開始了一次令人難忘的假日之旅。

在這個耶誕節，保羅明白了一個道理：給予比接受更令人快樂。

・偉大的親情力量

不是希望有一個富有的哥哥，而是希望能像富有的哥哥一樣有所作為。我們相信這個故事中的小男孩一定會成功，因為只有心中充滿愛的人，生活才會有目標，偉大的愛總會給人偉大的力量。

祈禱的雙手

遠在十五世紀，靠近紐倫堡的一個小小村莊裡，住著一戶擁有十八個子女的人家。身為一家之主，以加工首飾為職業的父親，單是為了保證這些孩子桌上的飯菜，他就不得不每天工作十八個小時，另外，他還要在鄰里間尋找可以帶來收入的家務活貼補家用。

雖然生活困苦而無奈，但兩個大一點的兒子阿爾布瑞斯特·度雷和他的一個兄弟阿爾伯特依然在編織著自己美麗的夢想。他倆都很想發展自己的藝術才華，當然，他們都清楚父親絕不可能有足夠的財力送他們中的任何一個到紐倫堡進入美術學院學習。

兄弟倆夜裡躺在擁擠的床上經過漫長的討論，終於達成一個約定。他們將通過擲硬幣來作出分曉：輸掉的一方將到附近的煤礦幹活，用他掙來的錢供他的兄弟攻讀美術學院。然後，當他的兄弟——那個擲硬幣的贏家四年後功成學就再反過來供應另一個到美術學院去學習；他的資金來源要麼靠自己出售自己的作品，要麼必要的話也下礦幹活。

他們在一個星期日的早上從教堂做完禮拜出來後投擲了硬幣。阿爾布瑞斯特·度雷贏了。他打點行李奔向自己心目中的聖殿紐倫堡美術學院。阿爾伯特為了資助兄弟的學業，則一腳邁進危險的礦井，一做就是四年。而前者在美術學院如魚得水。阿爾布瑞斯特的蝕刻畫、版畫和油畫比之他的教授們都要高出一籌，當他畢業時，他已可以賺取相當可觀的收入用以完成他的承諾。

阿爾布瑞斯特回到村裡，度雷全家上下為慶祝年輕的藝術家衣錦還鄉，在草坪上舉行了接風酒宴。伴著歡聲笑語和音樂，阿爾布瑞斯特從他坐的長桌的上座那象徵榮耀的位置上起身，向他心愛的兄弟這麼多年來為他所做出的犧牲敬一杯酒。他的祝酒詞的結束語是這樣的：「阿爾伯特，我的上天保佑的兄弟，現在輪到你。你現在可以到紐倫堡去追尋你的夢想，該由我來照顧你了。」

所有的人滿懷希望地將目光投向桌子的遠遠的一端。阿爾伯特呆坐在那裡，淚水沿著他蒼白的臉嘩嘩流下，他一邊抽泣，一邊反覆地囁嚅著，「不……不用了……沒用了……不。」

阿爾伯特最後還是站了起來，抹去臉上的淚水。他的目光掃過長桌兩邊他深愛的那些面孔，隨後雙手舉過臉頰，他柔聲地說道：「不用了，兄弟。我去不了紐倫堡。對我來說這已經太遲了。你看……看看四年煤礦活把我的手毀成了什麼樣子！每根手指的骨頭都至少斷過一回，另外我的右手最近患有嚴重的關節炎，我甚至連回敬你的酒杯子都端不住，更不用說用鋼筆或毛筆在牛皮紙或帆布上描繪精緻的線條了。沒用了，兄弟……對我來說這已經太遲了。」

四、五十年過去了，時至今日，阿爾布瑞斯特・度雷的上百幅具有大家風範的肖像畫、鋼筆和銀光筆速寫、水彩畫、炭條畫、木刻以及銅版畫高高地懸掛在世界各大著名博物館。其中有一幅畫的來歷是這樣的：為了向阿爾伯特對他所作的全部犧牲表達自己的敬意，阿爾布瑞斯特・度雷耗盡心血地畫出了他兄弟那雙殘廢的手：畫上一雙手掌心緊緊貼在一起，纖弱的手竭力向天空伸張。他給這幅畫簡潔地命名為「手」，但是整個世界幾乎立刻從心底裡擁抱了他的這幅偉大的作品，並將他這幅充滿愛的奉獻的傑作重新命名為「祈禱的手」。

・付出

從來沒有人能夠依靠自己一個人的力量獲得成功。

在親情面前，有時，親人為你付出的就是一輩子，不要忘記了那些默默為你付出的親人們。

手足情深

從前有兩兄弟，他們都是非常勤勞的農夫。哥哥已經結婚，有妻子兒女，弟弟還是獨身，他們的父母過世時，把土地和財產平均分給兩兄弟。

他們的土地上都種滿了蘋果和玉米，因此收割時，將收穫的蘋果和玉米，公平地分成兩份，各自儲藏在自己的倉庫裡。

到了晚上，弟弟想著：「我只有一個人，日子很容易打發，哥哥有妻子兒女，生活比較艱難，我應該把自己得到的那份兒，再分一半給哥哥。」

他越想越睡不著，又怕哥哥不肯接受，於是趁著夜黑風高，把自己分得的蘋果和玉米，搬一半給哥哥。

住在另外一邊的哥哥，夜裡也睡不著覺，他心裡想著：「我有妻子兒女，早就成家立業，只要和妻子同心協力勞動，生活不成問題。弟弟還是一個人，應該多為以後的日子作打算。」

他也怕弟弟不肯接受，於是趁著星夜無光，將自己的蘋果和玉米，搬一半給弟弟。

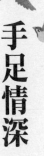

第二天早上，當他們走到倉庫的時候，都嚇了一跳，蘋果和玉米絲毫不減，兩兄弟以為自己做了一個非常真實的夢。

第二天晚上、第三天晚上也是一樣，他們繼續搬了三個晚上，而每天起床都以為自己做了非常真實的夢。

第四天晚上，兩兄弟彼此搬蘋果和玉米到對方倉庫時，竟然相遇了，兄弟倆同時扔下手中的作物，相視片刻便緊緊地抱在了一起。

他們決定不分家，一起經營父母留下的土地。

‧手足情深

情同手足是一種愛的表現。但願現實生活中這樣的愛更多一些。

狠心的爸爸

念大學時，爸爸和兒子約定，每月的十五日給兒子寄五百元生活費。因為開支毫無規律可循，三天兩頭地，兒子就找個理由與同寢室的室友們到校園餐館揮霍一頓。

第一個月，爸爸容忍了兒子，提前把第二個月的生活費寄了過去。第二個月、第三個月依然如此。終於，在離第四個月兒子又捉襟見肘了。兒子拍了一封極其簡短的電報回家：「爸爸，餓壞了。」爸爸很快回了電報，也很簡短：「孩子，餓著吧。」

在那之後只有十塊錢的十天裡，兒子絞盡腦汁節衣縮食，竟然也把那段難捱的日子熬過去了。從此，兒子學會了精打細算，並且發現，其實只要稍稍收斂一下不必要的支出，每月四百元生活費就夠用了。

這樣，每月兒子都可以存下一些錢，比起單一花費在吃上，有意思得多。

・怎樣對待孩子的惡習

俗話說，子不教，父之過。而在現實生活中，父親對孩子的教育一定要讓孩子養成良好的習慣，改去不好的惡習。

母親的較量

作家北野曾提出這樣一個觀點：民族的較量實際上是年輕女人之間的較量，他的這一個結論是透過在不同國家所見到各類母親對孩子的不同教育方式而得出的。

有一次，北野在中國農村看到，幾個小孩在一塊兒玩，一個被另一個欺負了。那個被打孩子的媽媽聽見哭聲趕過來，厲聲吼道：「你幹嘛打他，再打他我揍死你。」

這使他想起在英國曾見過的同樣一個場景。那位被欺負小孩的母親卻對另外幾個小孩子講：「你們為什麼欺負他呢？難道你們不友好嗎？」

英國母親在跟小孩講道理，而那位中國媽媽對孩子沒什麼理由好講。

這種中國媽媽的教育方式起碼有兩點不好的後果：一是使孩子養成依賴性，依賴強權；二是會養成一種非理性性格。

還有一次，北野在一位英國朋友家玩，三歲的小男孩要與北野一塊洗澡，北野答應了但沒有這樣做。結果孩子的媽媽急了，你怎麼可以騙孩子呢，你不願意去可以不答應嘛。

北野很不好意思，同時也想起在自己國家的一個普遍說法：哄孩子。但是被哄大的孩子會相信別人嗎？

北野講完了他的故事，又想起老家一位老師的故事。

那位老師他有三個女兒，都在讀書，大女兒在讀高中。家裡的日子過得很辛苦，有人勸他，孩子學習成績一般，估計考不上大學，回家種田算了。這位老師回答說：「我知道她考不上大學，可是她將來要做母親啊，今天多讀些書，對她將來教育孩子會有用的。」

·母親的品德與行為決定孩子的德行

決定是否要小孩是人一生最需要負責任的決策，因為這是你為社會提供的最終產品。而母親的素質就是奠定孩子素質的基礎。

分蘋果的母親

美國一位著名心理學家為了研究母親對人一生的影響，在全美選出五十位成功人士，他們都在各自的行業中獲得了卓越的成就，同時又選出五十位有犯罪記錄的人，分別寫信給他們，請他們談談母親對他們的影響。有兩封回信給他的印象最深。

一封來自白宮一位著名人士，一封來自監獄一位服刑的犯人。他們談的都是同一件事：小時候母親給他們分蘋果。那位來自監獄的犯人在信中這樣寫道：小時候，有一天媽媽拿來幾個蘋果，紅紅綠綠的，大小各不同。我一眼就看見中間的一個又紅又大，十分喜歡，非常想要。

這時，媽媽把蘋果放在桌上，問我和弟弟，你們想要哪個？我剛想說想要最大最紅的一個，這時弟弟搶先說出我想說的話。媽媽聽了，瞪了他一眼，責備他說：「好孩子要學會把好東西讓給別人，不能總想著自己。」

於是，我靈機一動，改口說：「媽媽，我想要最小的，最大的留給弟弟吧。」

媽媽聽了，非常高興，在我的臉上親了一下，並把那個又紅又大的蘋果獎勵給我。我得到了我想要的東西，從此，我學會了說謊。以後，我又學會了打架、偷、搶，為了得到想要得到的東西，我不擇手段。直到現在，我被送進監獄。那位來自白宮的著名人士是這樣寫的：小時候，有一天媽媽拿來幾個蘋果，紅紅綠綠的，大小各不同。我和弟弟們都爭著要大的，媽媽把那個最大最紅的蘋果舉在手中，對我們說：「這個蘋果最大最紅最好吃，誰都想要得到它。很好，現在，讓我們來作個比賽，我把門前的草坪分成三塊，你們三人一人一塊，負責修剪好，誰的速度最快最好，誰就有權得到它！」我們三人比賽除草，結果，我贏得了那個最大的蘋果。

我非常感謝母親，她讓我明白一個最簡單也最重要的道理：要想得到最好的，就必須努力爭第一。

她一直都是這樣教育我們，也一直是這樣做的。在我們家裡，你想要什麼好東西，就要透過比賽來贏得，這很公平。想要什麼、想要多少，就必須為此付出多少努力和代價！

・母親的早期教育

人一生中最早受到的教育來自家庭，來自母親對孩子的早期教育。母親是孩子第一任教師，你可以教他說第一句謊言，也可以教他做一個誠實的、永遠努力爭第一的人。

總理的母親

泰國總理八十六歲的老母親川梅，是一個擺食品攤的小販。雖然高齡了，還在曼谷的一家市場內擺攤賣蝦仁豆腐、豆餅、麵餅。她說：「兒子當了總理，那是兒子有出息，與我擺攤並沒有什麼衝突。我很喜歡擺攤，在這兒，能見到很多的老朋友。」

川梅最高興的事，就是看到兒子下班回家後狼吞虎咽吃她親手做的豆腐。泰國的媒體稱讚說：「一個來自平民階層的平凡母親，教育出一名以其誠實正直而受人尊敬的總理。」

而川梅在面對記者時卻謙遜地表示：「我只不過在他小時候教導他做人必須誠實、勤勞和謙虛，我從不打罵他，但我也記不得他有哪件事讓我失望。」

・母親做的榜樣

望子成龍是普天之下母親的共同心願，任何一條「龍」都是在父母的教育及影響下成長起來的，有幾個母親做到川梅這一點？又有幾個母親在兒子「成龍」之後不母以子貴，仍甘於平凡？

有話要對兒子說

一位母親剛讀完一本教導人如何養育子女的書……想到自己雖身為母親，可是在教育兒子的方法上卻從來沒有注意過，實在有很多疏忽的地方。基於這種自責，她到樓上想找她的兒子，可剛走到房門外面，她聽見兒子跟往常一樣正在練習打鼓，從房裡傳來的是震耳欲聾的鼓聲。要在以前，她一早就進去叫兒子別敲了，可此時她感覺心裡有話要對兒子說，於是敲了一下門，可是在敲了門之後，她又畏縮起來。

「有空嗎？」她問。

兒子出來開門，「媽媽，你知道我隨時有時間給你。」兒子說。

「孩子，你知道，我……真的很喜歡你打鼓的樣子。」

兒子愣了一下，高興地說：「真的？多謝媽。」說完了話，她開始下樓走到一半，她感覺自己沒有說完想說的話，於是回頭上樓，再次敲門，「還是我。你還有時間嗎？」她說。

兒子笑了笑說：「媽，我早說過了，我總有時間給你的。」她走過去坐在床邊。

「我想跟你說些話，我的意思是……你爸和我……我們真的覺得你很了不起。」

兒子說：「你跟爸？」

她說：「是的，你爸跟我。」

「好，媽，非常感謝。」她再次離開了，可是走到一半，她又想到自己雖然幾乎已把想說的話說出，卻還是沒有說出地本來想告訴孩子說她愛他的。於是她再次上樓，再次站在門前，這次兒子聽出母親來了。

在她開口以前，兒子便大聲說：「有的，我有時間！」

母親再次坐在床上。

「兒子，你知道我已試過兩次，卻還沒有說出來。我想上來告訴你的是——我愛你，我真心愛你，不是爸跟我都很愛你，是我愛你。」

她走出房間，正要下樓梯時，兒子探出頭來說：「媽，你有時間嗎？」

她笑起來說：「當然有的。」

「媽，」兒子接著說，「我也愛你！」

•告訴孩子們你的愛

維持親情不能靠各種理論，也不能僅停留在口頭上、理論上，而是要採取實實在在的行動，否則是不會取得任何效果的。

祕密

「對不起，您能聽一下這孩子的話嗎？」那是潔西在百貨公司玩具櫃檯工作時遇到的一件一生都難以忘記的事情。

當時潔西被一位三十多歲的母親叫住，有一位小學一年級左右的男孩子緊張地站在母親身旁。那男孩兒緊閉著嘴，眼睛只是向下看。

男孩母親以嚴厲的語氣說：「快點，這位阿姨很忙！」潔西感到空氣驟然緊張起來，到底是什麼事呢？她一邊猜想著，一邊仔細看著這對母子倆。這時潔西發現那男孩兒手中握著什麼東西，他那雙小手還有點顫抖——那是件當時很受孩子們歡迎的玩具，這種玩具每次進貨都被搶購一空，而且被盜竊的數量不亞於銷售量。

「怎麼了，你說點什麼呀！」男孩母親很生氣，眼眶裡充滿了淚水，而這時男孩兒也已經上氣不接下氣地哭了。

潔西的心臟彷彿被猛戳了一下，她又一次面向孩子，感覺必須要聽他說句話，甚至感到這個瞬間可能會左右孩子今後的一生。

這時，男孩的手不自然地伸開，被揉搓得破爛的包裝中露出了玩具。

「我沒想拿……」他費了很大力氣才說出這句話，孩子最後泣不成聲地說了一句：「對不起。」母親那時的表情難以形容，潔西感到她好像放心地深歎了一口氣。

然後，他母親乾脆地對潔西說：「請叫你們負責人來，我來跟他說。」這時，潔西第一次懂得母親對孩子深深的愛和教育子女的不易，她被這位母親的行為深深地感動了。

「不用了，我收下這玩具錢，這件事就作為我們三個人的祕密吧，孩子也明白了自己做錯了事，這就夠了。」

潔西覺得自己只道出了一半的心情，那位母親幾次向她鞠躬表示歉意的身影，她至今也忘不掉，永遠也忘不掉。

・正確面對孩子的錯誤

對待原則性錯誤傾向，作為孩子的家長不能姑息，也不能放任，教育孩子是需要這麼一點「狠心」的，必須如此，才能讓孩子從小就懂得原則性的問題。

教子

約翰的父親對約翰的調皮搗蛋和不愛學習的態度不是很高興。

這天，他把約翰叫過來，教育他說：

「你真不知道害臊，人家華盛頓像你這麼大的時候……」

小約翰打斷父親的話，說：「爸爸，華盛頓像你這麼大的時候，已經是美國總統了。」

．不要用你私自的想法來責罰孩子

父母經常責問孩子，人家能考第一，你為什麼不能？那麼孩子是否也應該這樣責問父母：人家能開賓士，住別墅，當大官，你為什麼不能？

教育

在一個陽光普照的周末午後，一位父親——巴比・路易士正帶著他的兩個兒子打迷你高爾夫球。他走向售票櫃檯問道：「進去要花多少錢？」

年輕的售票先生回答：「大人三美元，六歲以上的小孩也要三美元，剛好六歲或小於六歲的小孩免費。他們兩個幾歲？」

巴比答道：「那個小點的五歲，另一個七歲，所以我想我得付六美元。」

那位售票先生笑道：「嗨！先生，你只要告訴我較大的男孩六歲，就可以替自己省下三美元，我又看不出來有什麼差別。」

巴比回答：「你說得沒錯，但是孩子們知道那是不同的。」

・給孩子一個好榜樣

對於一個人來說，道德感固然重要，但更為重要的是確認你是否為每一個和你一起生活及工作的人樹立了良好的榜樣。

兩個大學生

兩個學生，大學同班。由於家境不好，都對父母供養自己讀書抱有感激之情。一個認為，應好好學習，爭取各科第一；一個認為，應該要打工賺錢，以減輕父母的負擔。

第一個學生，每天一早第一個走進教室，每晚最後一個離開。他的筆記也是全班做的最完整、最工整的一個。老師非常喜歡他，讓他做了小老師。

星期天，他從不像其他學生那樣出去郊遊、逛街，他認為那樣對不起良心。為了多學點東西，也為了出社會能找個好工作，課餘時間，他選修了心理學、邏輯學、公共關係學等學科。

一有空，他就到圖書館翻資料、做筆記。

由於他勤奮好學，成績突出，他幾乎獲得了學校設定的每一項榮譽。每當他把這些寫信告訴父母，父母心裡也總是升起無限的安慰和滿足，他們為有這樣懂事的孩子而驕傲，他們認為再苦再累都值得。

第二個學生卻總是讓父母擔心，有幾次父母甚至想斷了他的學業。因為他們省吃儉用，供他上學，他不僅沒考過一次好成績，有一次還差點被當掉。更令人生氣的是，軍訓一結束，他竟然做出一件讓父母丟臉的事——低聲下氣地到各學生宿舍收購軍訓服，然後反賣回給小商小販。這一次他雖然賺了兩個月的生活費，但是卻讓父母整整不舒服了一學期。

他們想，父母再窮，難道就缺你這幾個錢嗎？放假的時候，兩位老人苦口婆心地說：「只要你能專心學習，考出好成績，我們再苦再累都心甘情願。」

最讓兩位老人不能容忍的是，大學二年級的時候，他竟然寫信來說，以後再也不需要他們寄錢了。

看完信後兩位老人家的心簡直都傷透了，這個孩子竟是這樣不聽話，要斷絕和父母的經濟往來，來抗議父母的苦心勸告。

事後他們才得知兒子是因策劃一種「高考文化衫」賺了錢，心裡才稍稍安慰了些。

不過他們已不再對他寄什麼希望，他們想，他學不好，將來找不到工作，那是他自作自受。

大學畢業那年許多學生都忙著寄求職信，參加人才市場競爭，只有他無動於衷，因為這時他已是兩個公司的老闆。

最具戲劇性的是，在他公司求職的信中，竟有好幾位是他的同班同學，其中包括那位學習最好的學生。

・對於孩子的培養

學業是非常重要的，透過努力學習可以使孩子成為一名很好的專業人才。但也有一些才能和智慧是現階段的學校課堂無法教給孩子們的。因此作為家長，要注意培養孩子的學習和生活能力，支持孩子的想法。

貓頭鷹和牠的孩子

貓到林中捕鳥，碰到一隻貓頭鷹。

貓頭鷹問貓：「親愛的大哥，你到哪去呀？」

「我去林子裡捕鳥吃。」貓答道。

「啊，貓大哥，千萬別傷害我的小孩子。我的孩子呀，長得最漂亮。」

「知道啦。」貓認真地回答，貓頭鷹放心地飛走了。

貓在矮樹叢中找來找去，鳥巢裡淨是些美麗的小鳥。貓都怕是貓頭鷹的孩子而沒有下口，最後，發現一群長得非常難看的小鳥，於是貓放心地飽餐了一頓。

貓回家的路上，又碰到貓頭鷹。貓說：「你放心吧，我吃的是最醜的鳥。」

貓頭鷹回來一看，牠的「漂亮」孩子一個都不見了，窩裡留著幾根貓的鬍鬚。

・不要陷入愛的誤區

「老婆都是別人的好，孩子都是自己的好。」對孩子缺點視而不見，這樣的父母最終只能害了孩子，陷入愛的誤區。

第三章

幸福的滋味

親情就像是單程車，只能向前行駛，無法後退。
親情是無怨、無止境的期待，當然有時也許它的軌道碰巧會是個圓。
無論如何，你只要用心，愛就會緊握在你手中，
每天，你都能感受到新的領悟。

父親的兒子

戴維總是在想：做個太空人的兒子真難，每個人都期望我與眾不同，完美無缺。可是我只是個普通的十一歲少年，一個普通的學生，說到打籃球、玩橄欖球、踢足球、打棒球我都很一般。爸爸怎麼會有我這樣一個兒子？雖然，我確實也有一點兒無人知道的才能——寫詩、寫短篇小說。我把它們寫在紅色筆記本上，放在書桌下層的抽屜中。但爸爸他是那樣出眾，做一切事情都十分內行，在高中，他是橄欖球隊的隊長、班長，還是校刊編輯。戴維曾經一直夢想做點驚人的事，諸如從起火的房子裡救出一個小孩，或者把搶老太太錢的強盜趕走，給爸爸留下好印象，讓他為自己感到驕傲。而現在，他又夢想做一個著名作家。

一天上午，戴維又在上課時白日做夢，他正夢想自己成為某個英雄，比如找到速效治癌藥，或者治療精神病的藥，他忽然聽到英語老師宣佈，學校將展開父親節作文比賽。「我希望在我的英語班裡有一個優勝者。」老師說，「家長與教師協會捐款設了三種獎學金，第一名一百美元，第二名五十美元，第三名二十五美元。」

放學後，戴維一邊想著要寫的作文一邊往家走，「我父親是個太空人」，戴維想這樣起頭，但很快又放棄了這種想法，他覺得全國甚至可能全世界都把父親看做一個太空人，但自己在家看到的父親並不是那樣，他想寫出自己父親平日裡的樣子，因為對他來說，父親不只是一個世界聞名的太空人，他更是自己最親的人。

到家後，他上樓回到自己的房間，拿著一支筆和一疊紙坐下，開始考慮將寫什麼。

我看見的父親是怎樣的呢？

我看見他在黑暗中坐在我身旁——當我還是個小孩而且做了惡夢時；

我看見他教我怎樣使用球棒和怎樣投球；

我記得，當我的狗被汽車撞死時，他怎樣抱著我幾個小時安慰我；

我還記得，在我八歲生日晚會上，他怎樣用另一隻小狗使我大吃一驚；

我還記得，祖父鮑勃死時，他怎樣坐著，試圖對我解釋「死」是怎麼回事……

關於父親，他感覺自己有太多太多要寫，於是他將所有這些記憶寫入作文，第二天交了上去。老師在星期四通知，晚上將在禮堂裡宣讀獲獎作文，所有家長和學生都被邀請，他感到很驚訝。晚上，戴維和父母一起去了學校，他們的一個鄰居對戴維說：「我敢說，你將獲勝，戴維。我相信你寫的一定像一個太空人的兒子，因為你是城裡唯一能寫這個的人。」

父親看了看戴維，只是聳了聳肩。

宣佈了第三名，不是戴維，他感到有一些失望。艾倫·戈頓獲得第三名，她朗讀了她的作文，艾倫．戈頓是個養女，她寫的是《比生父還好的爸爸》。她讀完時，聽眾中發出吸氣和擤鼻涕的聲音。

接著宣佈第二名，是戴維！戴維感到既興奮又害怕，他走上台，腿在發抖，讀著作文，連聲音也在顫抖，他給自己的作文起的題目是《我父親的兒子》。讀完後，聽眾們鼓起掌來，他看見父親正擤著鼻涕，媽媽的臉上滿是淚水。

回到自己的座位上，戴維開玩笑似地對爸爸說：「我看見你也得了過敏症，爸爸。」

父親點點頭，清清喉嚨，把手搭在兒子的肩上。「兒子，這是我一生中最值得驕傲的時刻。」

．孩子希望得到父親的欣賞

父親是孩子的榜樣，孩子卻希望父親能對自己的努力表示欣賞和鼓勵；父親是孩子夢想的榜樣，而孩子是父親尚未完成夢想的希望。

有兒子真好

有了兒子後，琳曾一度苦惱過。小傢伙打亂了她們夫妻倆的平靜生活，增加了無窮無盡的家庭瑣事，還影響了自己的工作和前途。琳覺得兒子成了自己的累贅，那種厭煩的情緒，和兒子在一起時，常莫名其妙地說來就來，遇到不順心的事時，更會把兒子當出氣筒。如此日久，每當兒子看到琳面孔晴轉多雲時，總會怯生生地問琳：「媽媽，妳今天是不是不開心，我今天很乖，妳不要生氣好嗎？」

以至後來有一次，琳因公出差半個月，回到家還沒休息，就急匆匆地趕到托兒所接兒子。誰知，兒子見到琳時，沒有驚喜，也沒有撲向她的懷裡，相反極不情願地讓她抱起來。

琳問他：「想媽媽嗎？」兒子搖搖頭。

「為什麼？」

「因為媽媽會生氣，我怕。」天啊，琳沒想到自己的情緒會這樣傷害了兒子。自那以後，琳開始懊惱和自責，開始用新的眼光重新審視兒子和自己，開始調整對兒子的態度。工作之餘，琳經常抽時間陪兒子玩耍，教兒子認字、畫畫、背兒歌與唐詩，每晚睡前還給兒子講故事。早上離開家前，親親他的小臉蛋，拍拍他的小屁股。

漸漸地兒子便和琳越來越近了，放學回家總要先依偎到琳懷裡親熱個夠，然後再手舞足蹈地告訴她學校裡發生的事情。

兒子喜歡唱歌，於是每到星期天晚上，琳總是和兒子大呼小叫地練唱，遇到節奏歡快的音樂時，她還要摟著兒子的小腰跳上一跳！

每當在學校考試成績不好時，兒子回到家顯得很憂愁，總會把琳拉到一旁，悄悄地說：「媽媽，我今天考得不好，不敢告訴爸爸。」

琳說，要誠實地告訴爸爸，爸爸會理解你的，並鼓勵兒子，不要灰心，只要用功，下次肯定會考出好成績的。

兒子確實很聰明，也很伶俐，每次考試，只要稍稍用功，成績便會一躍而上，當然玩心重時，成績平平也就不足為怪了。

可不管怎樣，琳對兒子總是一往情深。

．感念自己的擁有

孩子是上帝賜予我們的寶貝，只要我們用心去愛，用心去關心，那麼得到的會是世界上最好最好的禮物——快樂。

及時表達出你感激的心情

有一位婦人，她辛苦地支撐著一個家，卻從未得到家人的任何感激。

有一天晚上，她問她的先生：「彼得，我在想，萬一我有一天死了，你會不會花一筆錢買花向我哀悼，你會嗎？」

「當然會啊！瑪莎，你幹嘛問這個？」

「我只是在想，其實到那時候，二十塊錢的鮮花對我已經一點意義也沒有了。但是當我還活著的時候，只要一點鮮花，對我就很有意義。」

・表達

瑪莎的感歎，不正是你周圍每個人內心深處的心聲嗎？有時只要一點鮮花，便能帶給別人莫大的希望和喜悅。

那麼你還等什麼呢？你還要等到你的心無法再愛，眼睛永遠無法再睜開，耳朵也永遠聽不到，才肯行動嗎？世上沒有賣後悔藥的，及時地表達出你的感情與謝意吧。

可愛之處

一個非裔美籍家庭從他們父親的人壽保險中獲得了一萬美元。母親認為這筆遺產是個大好機會，可以讓全家搬離哈萊姆貧民區，住進鄉間一棟有園子可種花的房子；女兒則想利用這筆錢實現去醫學院讀書的夢想。

然而女婿卻提出一個難以拒絕的要求，他希望獲得這筆錢，好讓他和朋友一起開創事業。

他告訴家人，這筆錢可以使他功成名就，並讓家人生活好轉。他答應只要獲得這筆錢，他將使家人擺脫多年來難以忍受的貧困局面。

母親雖感到不妥，還是把錢交給了他。

結果，女婿的朋友很快帶著錢逃之夭夭。失望的女婿只好告訴家人，他們對美好生活的夢想已被人偷竊。

女兒開始用各種難聽的話譏諷他，用每一個想得出來的字眼來責罵他，她對丈夫生出無限的鄙視。

當她罵得差不多時，母親插嘴說：「我曾教妳要愛他。」

女兒說：「愛他？他已沒有可愛之處。」

母親回答：「人總有可愛之處的。妳若不學會這一點，就等於什麼也沒學會，妳為他掉過淚嗎？我不是說為了一家人失去了那筆錢，而是為他，為他所經歷的一切及他的遭遇。

孩子，你認為什麼時候最應該去愛人？當他們把事情做好，讓人感到舒暢的時候？若是那樣，你還沒有學會，因為那還不到時候。若在他們最消沈，不再信任自己，受盡環境折磨的時候，妳鼓勵他並表達妳的愛，妳可以想像妳的鼓勵將會得到怎樣的效果。孩子，衡量別人時，要用中肯的態度，要明白他走過了多少高山低谷才成為這樣的人。」

‧無奈的愛

愛是在對方遇到挫折的時候，鼓勵他、信任他。

好丈夫

愛麗絲和大衛到達旅館時已疲憊不堪了，夫婦倆是到這個城市來參加一個音樂會的。愛麗絲負責這次旅行的所有細枝末節，包括預訂房間住宿。她要讓丈夫知道，為這次旅行她費了很多的心思。然而使愛麗絲內疚的是：旅館老闆告訴她，她寫錯了訂房日期，現在沒有多餘的房間，老闆還拿出了她寫的訂房資料作為證明。

愛麗絲這時內心非常內疚地想著：「我怎麼會把訂房的日期給寫錯了？大衛這次肯定要責怪我了。」

然而出乎意料，大衛擁抱著愛麗絲輕輕說道：「親愛的，沒關係，我們可以再找一家旅館。」愛麗絲這才明白：自己的丈夫絕不會當她將事情搞砸時，冷嘲熱諷地指責她。她感到驕傲，因為嫁了一個好丈夫。

・體諒與包容

愛情的最高境界是能體諒對方的難處，包容對方的失誤，而不是無休止的責備。

送花

每個星期天早上，大衛衣服的翻領上都會被太太別上一朵玫瑰花，大衛欣賞這種愛的表示，但它已變成了規律，所以他沒想太多。

直到有一個星期天，大衛覺得被自己認為很平常的事變得不同尋常了。

當大衛離開家時，一個小男孩走向大衛。他站在大衛面前，說：「先生，你要怎麼處理你的花？」

大衛說：「你指的是這朵嗎？」他指著別在自己外衣上的玫瑰花。

小男孩說：「是的，先生。如果你會丟掉它的話，可否給我？」

大衛微笑著告訴他，花可以給他，並隨口問他要做什麼。

這個小男孩，看起來還不到十歲，仰望著大衛，說：「先生，我要把它送給我的祖母。去年我爸媽離了婚，我本來和我媽住，但她又再婚了，要我和我爸住。我和我爸住了一陣子，但他不願再收留我，便送我去跟我祖母住。她對我太好了。她煮飯給我吃，又照顧我，所以我要把這朵漂亮的花送給她，謝謝她愛我。」

聽了小男孩說的話，大衛幾乎說不出話來，他的眼眶充滿了淚水，他知道自己的靈魂深處被感動了。

大衛取下花，把它拿在手裡，看著小男孩說：「孩子，這是我聽過的最好的事，但我不能把花給你，因為這不夠。在前面有一個花店，我會為你買下一大束花，請把那些花送給你的祖母，因為那樣才配得上她。」

在給小男孩買花的同時，大衛多買了一束，並在卡片上寫道：「親愛的老婆，謝謝妳愛我。」

・不要忘了感激

在生活中，你是否曾送花給你最親近的人以示你的感激和關愛？也許你會說自己沒有理由，其實，有了這種想法，理由是可以創造的，關鍵在於你是不是有一顆懂得感激的、敢於表達的心。

鼓勵

霍桑未成名前在海關做小職員，有一天，他被「炒魷魚」了。他太太知道後不但沒有感到不高興，反而興奮地叫了起來：「這樣你就可以專心寫書了。」「是呀！」霍桑一臉苦笑地答道。「我光寫書不幹活兒，我們靠什麼吃飯呀？」這時索菲亞打開抽屜，拿出一疊為數不少的鈔票。「這錢從哪裡來的？」霍桑吃驚地問。「我一直相信你有寫作的才華，」索菲亞解釋道，「我相信你一定會寫出一部名著，每個星期我都會從家庭費用中省一點出來，現在這些錢夠我們活一年了！」有太太在精神與經濟上的支援，霍桑果真完成了美國文學史上的名著——《紅字》。

・妻子的鼓勵

妻子這個角色是很難扮演的，在婚姻生活中，一個平常的妻子只會關心丈夫的起居衣食，而一個有素質的妻子不僅能關心丈夫的起居，還能給予丈夫以心靈和精神的支持和交流，最後，要做一個完美的妻子不僅要擁有一般的妻子應有的特點，更重要的是要像霍桑的妻子那樣給予丈夫無條件的信任和鼓勵。

改變

賴利和喬安是一對平凡的夫妻，住的是中等社區的普通房子。就像其他平凡的夫妻一樣，他們努力賺錢維持家計，同時積極為孩子的未來打算。人說做夫妻沒有不鬧彆扭的，當然，他們也會為了婚姻生活的不如意而吵架拌嘴，相互責備。

但是有一天，一件不尋常的事情發生了。

「你知道嗎，喬安，我有個神奇衣櫃，每次我一打開抽屜，裡面就擺好了襪子和內衣。」賴利接著對喬安說，「謝謝妳這些年來幫我整理衣物。」

喬安聽了之後，拉下眼鏡瞅著賴利問道：「你想幹什麼？」

「我沒別的意思，我只是想表達心中的謝意。」

喬安心想：反正這也不是賴利第一次說些莫名其妙的話，所以對這事也不特別在意。

「喬安，這個月開出的十六張支票中，有十五張的號碼登記正確，刷新以前的記錄哦。」

喬安停下了手邊的工作，一臉狐疑地望著賴利：「你老是抱怨我把支票號碼登記錯，今天怎麼改變態度了？」

「沒特別理由，謝謝妳這麼細心，注意到這些小事。」

喬安搖了搖頭，繼續拿針縫補衣物。「他到底哪裡不對勁呀？」她不解地喃喃自語。

然而，喬安第二天在超市開支票時，不自覺地留意是否寫對了支票號碼。「我怎麼突然會去注意那些無聊的支票號碼呢？」她覺得自己也很怪。

最初，喬安試著不去在意賴利的改變，但賴利的「怪異言行」卻有「變本加厲」的趨勢。

「喬安，這頓晚餐好豐盛呀！真是辛苦妳了，過去十五年中，妳為我和孩子至少煮了一萬四千多次飯。」

「喬安，屋子看來真乾淨，妳一定費了不少力氣打掃吧？」

「喬安，謝謝，有妳陪在身旁真好。」

喬安心中的疑慮漸增：「他以前不是老愛諷刺我，批評我嗎？怎麼現在變得怪怪的。」

不只是喬安覺得奇怪，連十六歲的女兒雪莉也發現老爸有一百八十度的大轉變：「媽，爸的腦袋壞了。我擦粉塗口紅，穿得又邋裡邋遢，他居然還說我打扮得很漂亮。這不像爸，他到底怎麼了？」

即使妻女有百般的懷疑與不解，賴利仍是不時表達他的謝意或讚美。

數周過後，喬安漸漸習慣了老公「詭異的甜言蜜語」，有時還會壓著嗓子回他一句「謝謝」。雖然她心中頗受感動，但表面仍是一副若無其事的模樣。直到有一天，賴利走進廚房對她說：「把鍋鏟放下，去休息吧，今晚的菜我來張羅就行了。」許久沒有動靜，「謝謝你，賴利，真的很謝謝你。」

喬安現在自信心大增，情緒也不似往常般起伏不定；她有時嘴上還會哼哼歌，連走路的步伐都要輕快許多。她心想：「我還真喜歡賴利現在這個樣子呢！」

也許故事到此應該結束，但後來又發生了另一件極不尋常的事——這次換喬安開口說話了。「賴利，謝謝你多年來辛苦養活這個家，我想我從沒向你表示過心裡的感激。」

・體諒與理解

在多年的生活中，也許一種習慣的感情早已代替激情，然而，當情感在習慣中搖搖晃晃時，體諒與理解也就越顯的重要了。

我喜歡

妻子的臉動過手術後，嘴巴部分的肌肉癱瘓，歪扭得像小丑的表情一樣。因為連接嘴巴的一小段顏面神經被割去了。外科醫生已經儘量順著她的面部肌肉去做手術了，可是為了移去她面頰的腫瘤，醫生還是不得不切除那一小段神經。她年輕的丈夫也在病房內，就站在病床另一旁。兩人在黃昏的燈光下默視。

「我的嘴永遠都會是這樣子嗎？」她問身旁的醫生。「是的，」醫生說，「永遠是這個樣子。因為神經被切掉了。」她低頭不語。

可是身旁的丈夫微笑著。「我喜歡這樣子，」他說，「親愛的，孩子也會喜歡的。」多麼純真的感情啊！此刻，他毫不介意醫生在場，低頭去吻她歪扭的嘴。醫生站得那麼近，看見他也扭曲自己的嘴唇去配合妻子的唇型，表示兩人還可吻得很好。

・你永遠是最美麗的

受了創傷的心可以讓愛情把它醫好。

回家

科爾在機場等著接一個朋友時，他想從空橋走出的旅客中找到朋友，卻注意到一個男人帶著兩個輕便的袋子停在迎接的家人的身旁。

他放下袋子後先往他最小的兒子（可能是六歲）那裡移去，並給了對方一個長長的擁抱。

放開時兩人互望著對方，科爾聽到這位父親說：「能見到你實在太好了，兒子，我實在好想你。」

他兒子笑得很羞澀，眼神有點閃躲，只是輕輕地回答：「我也是，爸爸！」

然後男子站直，注視著大兒子（也許九或十歲），把兒子的臉捧在手上說道：「你已經是個年輕小夥子啦！我親愛的柴克！」

接著他也給了對方一個溫暖又溫柔的擁抱。當這些動作正在進行時，一個小女孩（可能是一歲或一歲半）開始在她母親懷裡興奮地蠕動著，她從沒把她小小的眼眸從她歸來的父親神奇的臉上移開，男子說道：「嗨，小女孩。」

當他從妻子手中溫柔地接過女兒時，很快地在女兒小臉的每個地方都親了一下，又把她貼近自己的胸膛搖啊搖，小女孩很快就放鬆了，滿足地把頭靜靜靠在他肩上。

過了一會兒，他牽著女兒和大兒子的手宣佈：「我把最好的留在最後。」然後給了他的妻子一個科爾從未看過的最長、最熱情的吻，男子深情地望著妻子好幾秒，然後靜靜地說：「我好愛妳。」

他們凝視著對方的眼睛，握著彼此的手相視而笑。

那一刻科爾覺得他們也許是新婚夫妻，但根據他們孩子的年齡判斷，又不太可能，科爾被搞迷糊了，然後他發現自己竟被離他不過一臂之遙的、不刻意的真情流露給嚇了一跳，科爾緊張地問道：「你們倆結婚多久啦？」

「在一起十四年，結婚十二年了。」他順口答道，眼睛還是盯著他可愛的妻子不放。

「那麼，你離開多久了呢？」科爾繼續問道。

這男人終於轉了過來，看著他，露出愉悅的微笑，答道：「整整兩天。」

兩天？科爾著實吃了一驚，依這般熱烈的歡迎儀式看來，他幾乎已認定男子不是離開了幾個月，也至少是幾個星期。

科爾輕輕歎了一聲，說道：「我希望我的婚姻在十二年後還能有你們那般熱情！」

這男人馬上收斂了笑容，直直地看著科爾，說：「別只是希望，朋友，要下決心。」

科爾一直看著這個特殊的男人和家庭走出自己的視線，當科爾的朋友走到他身邊時問道，「你在看什麼？」

科爾毫不遲疑，以一種熱切的堅定回答他：「我的未來！」

‧別只是希望，要下決心

也許在生活中你有過這樣的經歷：看見身邊別人的家庭那麼妻賢子聰，要不就是丈夫很能幹，總之就是一副羨煞旁人的樣子，在這種時候你也許在心中會情不自禁地對自己的生活狀態歎息或者不滿，或者希望、渴望擁有那樣的生活。

如果你正在期望著某件事像你希望中那樣發展，那麼不要遲疑，也不要只是希望，要下定決心付諸行動。

心的歸宿

年輕的時候，張明皓少不更事，免不了年少輕狂，以為遠離家才稱得上是壯志凌雲。然而，隨著時光的流逝，他終於發現：想家的感覺早已執拗地在他的心中埋下了根。張明皓還記得以前在外念書的時候，幼稚的他想學別人在異鄉過年，就給家裡寫信，告訴父母不準備回家過年了。家裡當然不同意，一陣口誅筆伐後，父母大歎孩子太不懂事了，年少的張明皓看過信後也只是付之一笑，置之腦後。隨著節日的臨近，歡慶氣氛日益濃厚，到處張燈結綵，鞭炮聲聲。寢室裡空蕩蕩的，其他的人都走了。

孤獨的張明皓無事可做，獨自一個人走在冷冷清清的校園裡，聽著外面傳來的歡聲笑語，他第一次如此深切地領會到了家的涵義。他強忍著淚水，畢竟，這是他自己做出的選擇啊！不過，晚上朋友打來電話，迫切的期盼讓他再也忍受不了孤獨的感覺，寂寞的難耐。次日，他就收起行囊，歸心似箭，匆匆踏上了回家的旅途。

·家是永遠的心的歸宿

不必強作堅強，尤其在你想家的時候。

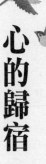

電話媽媽

有一個小女孩，父母早已離異，她和祖母相依為命。在學校，每天中午一吃完飯，她總是拿著數枚一元硬幣，衝到走廊上的電話機旁，踮著腳打電話。如果有人經過，總可以聽到她稚嫩的聲音，親膩地叫著：「媽媽，吃飽了嗎？放學會不會來接我？記得給我買玩具哦……」一邊說著，一邊笑著，在午休鈴聲響起，她才會依依不捨地掛上電話。

有一天，班上學生臨時要大集合，她來不及掛上電話就跑走了，路過的老師拿起電話要掛上，她好奇地聽了一下，電話筒中傳來：「下面音響十二點三十分十五秒，下面音響十二點三十分十八秒……」頓時，老師的眼中充滿了淚水。

・親情是孩子心中的天堂

對親情的嚮往是人之常情，在我們周圍有太多太多缺少愛的孩子，在頑皮的外表之下，常常隱藏著一顆羨慕之心，他們嚮往與家人親密相處的那種幸福。

愛的禮物

新年將近，郵局工作人員羅茜在閱讀所有寄給聖誕老人的一千封信件時，發現只有一個名叫約翰・威斯利的十歲兒童在信中沒有向聖誕老人要他自己的禮物。信中寫道：「親愛的聖誕老人，我想要的唯一的一樣禮物就是給我媽媽一輛電動輪椅。她不能走路，兩手也沒有力氣，不能再使用那輛兩年前慈善機構贈予的手搖車。我是多麼希望她能到室外看我玩遊戲呀！你能滿足我的願望嗎？愛你的約翰・威斯利。」

羅茜讀完信，禁不住落下淚來。她立即決定為居住在可甯市的威斯利和她的母親盡些自己的力。於是，她拿起了電話。接著奇蹟般的故事就發生了。

她首先打電話給加州一家名為「行動自如」的輪椅供應商店。商店的總經理又與位於紐約州的輪椅製造廠取得了聯繫。這家公司當即決定贈送一輛電動輪椅，並且在星期四運送到，並在車身上放一個聖誕禮物的紅蝴蝶結。

星期五，這輛價值三千美元的輪椅送到了威斯利和他媽居住的小公寓門前。在場的有十多位記者和前來祝福的人。

威斯利的媽媽哭了。她說道：「這是我度過的最美好的耶誕節。今後，我不再終日困在家中了。」她是在一九八一年的一次車禍中致殘的。由於她的脊骨骨節破裂，她得依靠別人扶著坐上這輛灰白色的新輪椅，在附近的停車場上進行試車。

贈送輪椅的福特拉斯公司的代表奈克說：「約翰・威斯利是一個一心想到媽媽而不只是自己的孩子。我們感到，應該為他做些事。有時，擁有了金錢並不意味著擁有了一切。」

郵局工作人員同時也贈送給他們食品以及顯微鏡、噴氣飛機模型、電子遊戲機等禮物。威斯利把其中一些食品裝在箱子內，包起來送給樓下的鄰居。

對此，威斯利解釋說：「把東西贈給那些需要的人們，會使我們感到快樂。媽媽說，應該時時如此，也許天使就是這樣來考驗人們的。」

・不要吝嗇給予

有的時候，擁有了金錢並不意味著擁有了一切，把你用不完的東西贈給那些需要的人，會使得到的人感到快樂和幸福，而你自己也會因幫助了他人而深感快慰。

有些事不能等

一位婦人二十九歲開始守寡，帶著兒子、女兒艱難度日，卻始終不肯改嫁，怕的是讓孩子們受委屈。終於有一天，兒子長大成人去闖天下，落腳在另外一個城市。他一直盼望著境況好些再把母親和妹妹接來，為此，他為母親準備好了一套嶄新的衣裳和一雙母親最愛穿的軟底鞋，只等待那喜洋洋的團聚時刻，但因為種種原因，他錯過了一次又一次的機會。

忽然有一天，他接到妹妹發來的電報，電報上說母親因患腦溢血突然去世了。當他匆忙趕到並親手為母親穿上衣服和鞋子時，那種悔恨刺得他心都碎了。

．不要讓父母等待

養育之恩的回報，並不是非得等到最佳時機。有時候，你等得起，年邁的父母卻等不起。去盡一份孝心吧，今天就是良辰。

說出你的愛

卡內基在為成年人上的一堂課上，曾給全班出過一道家庭作業。作業內容是：「在下周以前去找你所愛的人，告訴他們你愛他。那些人必須是你從沒說過這句話的人，或者是很久沒聽到你說這些話的人。」

在下一堂課程開始之前，卡內基問他的學生們是否有願意把他們對別人說愛而發生的事和大家一同分享。卡內基非常希望跟往常一樣有個女人先當志願者。但這個晚上，一個男人舉起了手，他看來有些激動。

男人從椅子上站起身，他開始說話了：卡內基先生，上禮拜你給我們這個家庭作業時，我對你非常不滿。我並沒感覺有什麼人需要我對他說這些話。還有，你是什麼人，竟敢教我去做這種私人的事？但當我開車回家時，我想到，自從五年前我的父親和我爭吵過後，我們就開始彼此避免遇見對方，除非在耶誕節或其他家庭聚會中非見面不可。儘管如此，我們還是幾乎不交談。所以，回到家時，我告訴我自己，我要告訴父親我愛他。說來也很怪，做了這決定時我胸口上的重量似乎減輕了。

第二天，我一大早就急忙起床了。我太興奮了，所以幾乎一夜沒睡著，我很早就趕到辦公室，兩小時內做的事比從前一天做的還要多。

九點鐘時，我打電話給我爸爸，問他我下班後是否可以回家去。他聽電話時，我只是說：「爸，今天我可以過去嗎？有些事我想告訴您。」我父親以暴躁的聲音回答：「現在又是什麼事？」我跟他保證，不會花很長的時間，最後他終於同意了。

五點半，我到了父母家，按門鈴，祈禱我爸會出來開門。我怕是我媽來開門，而我會因此喪失勇氣，但幸運的是，我爸來開了門。我沒有浪費一丁點兒的時間——我踏進門就說：「爸，我只是來告訴你，我愛你。」

我父親聽了我的話，他不禁哭了，他伸手擁抱我說：「我也愛你，兒子，原諒我一直沒能對你這麼說。」這一刻如此珍貴，我祈盼它凝止不動。爸和我又擁抱了一會兒，長久以來我很少感覺這麼好過。但這不是我要說的重點。兩天後，那從沒告訴我他有心臟病的爸爸忽然病發，在醫院裡結束了他的一生。我並沒想到他會如此。

如果當時我遲疑著沒有告訴我爸，我就可能沒有機會了！所以我要告訴全班的是：你知道必須做，就不要遲疑。把時間拿來做你該做的，現在就去做！

・及時說出你的愛

不管和你的親人曾發生過什麼不愉快的事情，你都應該儘快地去告訴他們，你仍舊愛著他們。

第一次演出

貝多芬‧路德維西七歲那年，第一次登臺演出。

這一天早晨，全家都起了個大早。他的媽媽瑪格達蓮娜高興地忙碌著，一會兒為小路德維西準備吃的，一會兒又為他梳洗打扮。儘管家裡很窮，媽媽也盡力讓兒子體體面面地出現在舞臺上。

她拿出一套演出禮服，憐愛地拉過小路德維西，說：「孩子，試一試，看合不合適？」

「媽媽，這麼漂亮的衣服要花很多錢吧？」小路德維西懂事地問。

「孩子，這不是買的，是用爸爸的舊衣服改做的，你不怪媽媽吧？」瑪格達蓮娜溫和地撫摸著兒子的頭問。

「媽媽，我怎麼會怪您呢，您做得這樣好，誰能看出不是新買的呢？再說，您的身體又不好，買藥治病可比買衣服重要多了。等我長大了，一定要賺很多很多的錢，讓您過最最幸福的日子，那時候，您就不用這麼累了。」小路德維西懂事地說。

看兒子如此懂事，媽媽感動得流下淚來。就這樣，穿著用爸爸舊衣服改小的禮服，小路德維西成功地進行了生平第一次演出。

·報答

每一個人從出生那天起，就接受著他人的恩惠。也許給予恩惠的人不是為了得到你的報答，因為他在給予你的過程中，就得到了無法言語的快樂。受恩惠的人，如果你有能力報答，就一定要為他做同樣的事情，如果你不能給予什麼，至少也應保持一顆感恩的心。

身後的跟隨

有一個人習慣在每天工作之前先到鎮上的酒館喝一杯酒。

在一個下著大雪的早晨，他吻別妻小之後，又徑直向酒館走去。沒走多遠，他感覺有人跟在他後面，當他轉過身來時，發現原來他的孩子正踩著他留在雪中的鞋印並且興奮地喊著：「爸爸，你看，我正在踩你的腳印！」孩子的話使他為之一驚，心想：「我要上酒館，但兒子卻要跟隨我的腳步！」

從那天起．他再也不光顧酒館了。

・自律

「言傳不如身教。」你現在的身份，或許是為人父母、為人師長、為人上司，不管是什麼身份都一定要記住這樣一個道理：欲育人，必先自律。只有能管好自己的人才能對他人起到表率的作用。

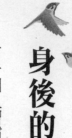

第四章

生與死的感悟

愛在生死面前考驗著每一個正愛著，或正期待著愛的人。
當你和孩子遇到危險時，你是否願意用死去換取孩子的生存機會；
當你的家人遇到危險時，你是否能以死相救；
當你的父親快要離開人世時，
你是否能讓他不帶著遺憾和留下什麼遺憾地離去……
在生死的面前，只有感悟，誰都無法遲疑。

不用害怕

有一個人搭船去度假，途中遇到暴風，全船的人都驚慌失措，這時他卻看到一個老太太非常平靜地在做禱告，神情十分的安詳。

風浪終於過去了，全船人脫離了險境，這人很好奇地問這位老太太，為什麼一點都不害怕。

老太太回答說：「我有兩個女兒，大女兒叫珍妮，已經被上帝接走了，現在住在天國；二女兒叫瑪莉亞住在英國。

剛才風浪大作時，我就向上帝禱告，如果接我回天國，我就去看大女兒；如果留我性命，我就去看二女兒。不管去哪裡我都一樣啊，所以我怎麼會害怕呢？」

・**逝去的終點是愛的聚首**

無論是什麼樣的遭遇，我們都活過來了。不要害怕生命有一天會結束，因為愛總會在我們身邊。無論遭遇何事，都不要懼怕，用勇敢和快樂的心情過好每一天。

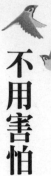

雷和他的一家

雷的一家棲住在地球上最大的沙漠——撒哈拉沙漠，雷是一頭年長的駱駝，有六個子女，在這個全球最惡劣的生存環境裡，雷的一家已生存繁衍了不知多少代，作為這個沙漠裡為數不多的物種野駱駝，雷的一家，活著真是一件痛苦並快樂的事。

沙漠深處有一處泉水——半月泉。有水的地方就有生命，水是沙漠動物的天堂。半月泉，顧名思義，它的範圍是極其狹窄的，一側是高高矗立的岩石，另一側的月牙形邊長不超過六米，但它的深度卻達八十公尺，說是深井更確切一些。雷的一家隔一段時間就要來此飲水。

那一年，撒哈拉沙漠天氣異常酷熱乾旱，很多沙漠動植物死於乾旱，半月泉的水位在一點點下降，人們擔心雷的一家是否會躲過這場劫難。雷的一家出現在半月泉的時候，人們甚至有點認不出往日風采神韻的牠們，只是在見到這一灣碧水的時候，雷的幾個幼小的子女才表現出十分興奮的模樣，圍著泉水打響鼻。但接下來的事情卻讓雷十分失望，不管牠們如何努力，牠們的嘴巴卻不能伸到水面，只差半米，牠們甚至就可以喝到水，但這半米，卻是生命無法到達的高度。

雷看著自己的兒女們中心漸漸有了想法，幾頭稍長的駱駝站到了一邊，雷叫了幾聲，似乎在叮囑著什麼，目光中充滿依依不捨，幾頭小駱駝眼裡含著淚。這時，只見雷高高躍起，縱身躍入深潭，「撲通、撲通」，幾頭駱駝相繼躍入，濺起了沖天的水柱。一個美國人目睹了這個過程，他這樣寫道：這是我見到的生命史上最壯觀、最美麗的跳躍！水終於漲起來了，剛好夠小駱駝喝。喝足了水的小駱駝們最後回頭看了看半月泉，消失在茫茫大漠深處。

・真愛無言

生死關頭，幾頭野駱駝用一種悲壯得近乎完美的方式，讓弱小的生命得以保全，真愛無言。

活下來的小貓咪

阿紫的奶奶家養著一隻母貓，樣子十分可愛。貓咪很乖，喜歡依偎在人的身邊。一天，阿紫聽見草堆上有呼嚕呼嚕的聲音。她爬上去一看，原來是那隻母貓正在擁著六隻小貓餵奶呢！看它們的眼睛還沒有睜開，顯然是出生不久的。小貓們一天天長大，母貓卻一天天瘦下來。有一天母貓張著嘴在往外嘔食物，一副十分痛苦的模樣。阿紫趕忙把奶奶叫來，奶奶見此情景，焦急地說：「一定是吃了被毒死的老鼠了。」

幾天後，母貓已經沒有力氣吃任何的東西，只能喝點放了糖的水。小貓咪仍在貪婪地吮吸著奄奄一息母貓的乳汁。小貓咪滿月的那天，母貓死了。剛好，從這天起，小貓咪不需要母貓的乳汁，也可以活下去了。小貓們一個個活潑可愛，看著母貓那一副枯木般的身體，阿紫不禁潸然淚下。

·給予

當我們為人世間的至情至愛而感動不已的時候，別忘了在生存的空間裡，同樣也有像上文中講述的那樣一種感情。我們和牠們給予的都是同一種愛。

生命的報答

在一個舉世聞名的風景名勝，一架高空纜車由於嚴重超載，不幸從一百八十公尺的高空墜入深谷。當救援人員趕到出事地點時，不敢相信，有一位二歲的小男孩卻依然活著，並且全身毫髮未損。救起小男孩，人們驚訝地發現，在這個小男孩的身下居然躺著兩具面目全非的屍體，他們的雙手仍然緊緊地護著這個幼小的身體。原來，當纜繩斷裂，纜車從高達六十多層樓的空中墜下的剎那間，小男孩的父母在驚恐萬分中共同把他高高舉起，用自己的粉身碎骨保住了小男孩的生命。二十多年後，這個從死亡的深谷中倖存下來的男孩，成為了全美國最年輕的企業家。在他所經營的這家公司的利潤分配中，有這樣一條規矩被一直繼承下來：將每年利潤的五十％，作為救濟基金，無條件地發給天下最窮苦的老人，幫助他們幸福地度過晚年生活。

・死神也懼怕深情

誰也不知道誰會愛誰有多深，除非到了離別的時候，只是這認知得來的代價卻是太大了，連死神都會感到害怕。

生命的跪拜

有一個屠夫從集市上買來一頭牛。屠夫滿心歡喜地牽牛回家，提刀準備開宰。走到牛跟前時，居然發現牛的眼睛裡滿含淚水。屠夫知道，牛是通人性的，牠已經預感到自己的命運了。突然，牛的兩條腿「撲通」跪下，頓時淚如雨下。屠夫從事屠宰業已十多年，死在他刀下的牛不計其數，牛在臨死前掉淚他見得多了，但牛下跪還是頭一次。但屠夫沒有多想就手起刀落，鮮紅的血頓時從牛的脖子裡汩汩地流出。

牛死了，屠夫對牛進行剝皮開腔。當打開牛腹腔時，屠夫嚇了一跳，手中的刀子「咣噹」落地——在牛的子宮裡，靜靜地躺著一頭剛長成形的牛犢。屠夫這才知道，牛為什麼雙腿下跪，這是在為自己的孩子苦苦哀求啊。屠夫沈思良久，破例沒有把殺死的牛拉到集市上去出賣，而是把母牛和那個還未出生的牛犢，掩埋在了曠野之中。

．生命的跪拜

所有的母愛，其實表達起來都是這樣的簡單，它沒有做作，沒有張揚，有的只是極其普通又撼人心魄的細節。

我要和妳一起

那天晚上，一對年輕夫婦正在外邊走著。他們是威廉・坦納和瑪麗・坦納，他們深深地相愛著。

吃了晚飯，他們動身去看電影。在一個火車道口，瑪麗右腳滑了一下，插進鐵軌和護板之間的縫兒裡去了，既不能抽出腳來，又不能把鞋子脫掉。

這時一列火車越駛越近了。

他們本來有足夠的時間通過道口，要不是由於瑪麗的那隻鞋搗亂的話，只有幾秒鐘時間了，火車越來越近了。

火車司機直到火車離他倆很近才突然發現他們。他拉響汽笛，猛地拉下制動閘，想把火車剎住。起初前邊只有兩個人影，接著是三個，正在道口上的鐵路信號工約翰・米勒也衝過來幫助瑪麗。

威廉跪下來，想一把扯斷鞋上的鞋帶，但已經沒有時間了。於是，他和信號工一起把瑪麗往外拉。火車正呼嘯著，朝他們駛來。

「沒希望啦！」信號工尖叫起來，「你救不了她！」

瑪麗也明白了這一點，於是朝丈夫喊道：「離開我！威廉，快離開我吧！」她竭盡全力想把丈夫從自己身邊推開。

威廉・坦納只有一秒鐘可以選擇，救瑪麗是不可能了，可是他現在還能讓自己脫險。

在鋪天蓋地的隆隆火車聲裡，信號工只聽見威廉・坦納喊著：「我跟妳在一起，瑪麗！」威廉緊緊將瑪麗擁入了懷中。

・在一起

愛情在生死面前質問的是每一個正愛著，或正期待著愛的人們。「我是否曾經使一個男子對我這樣關懷？」「如果我在自己身上沒找到可以使威廉做出那種舉動的那種感情，那麼對於愛情我究竟懂得多少呢？」

不能這樣結尾

傑克把一張紙和一支筆放在米爾斯病床邊的桌子上。

「謝謝您。」米爾斯說。

米爾斯先生有一個女兒，傑克從醫院的病人情況問訊處得到了她的住址及電話號碼。

「珍妮·米爾斯小姐嗎？我是傑克，醫院的醫生。我打電話是要談你父親的事。他患心臟病今晚住院了，而且……」

「哦，不！」她在電話中尖叫了一聲。「他不會死的，對吧？」這與其說是詢問，還不如說是懇求。

「他現在的情況還好。」傑克說，並竭力使自己的聲音聽上去令人信服。

「你不能讓他死，求求你，求求你！」她哀求道。

「他現在得到的是最好的護理。」傑克試著安慰她。

「你不知道，」她解釋道，「爸爸和我曾吵過一架，吵得非常厲害，差不多已有一年了。我……我從那時起就沒見過他。我對他說的最後一句話是：『我恨你。』」

她的聲音變啞了，傑克聽到她突然哭了起來。傑克靜靜地聽著。一個父親，一個女兒，就這樣互相失去了對方。這時不由得他想起了自己的父親。

珍妮竭力控制自己的眼淚。

「我就來了，現在就來！三十分鐘之內。」她說著掛斷了電話。

傑克努力想些別的事情，但他不能。七一二號房間，傑克覺得他必須回到七一二號房間去！他幾乎是奔跑著穿過了大廳。

米爾斯先生一動也不動地躺著，似乎睡著了。傑克把了把他的脈搏，沒有。

哦，上帝！傑克祈禱著，他的女兒就要來了，千萬別這樣結尾啊！

門突然被撞開了，其他醫生和護士也衝進了屋子。一個醫生開始對他做人工呼吸。傑克看著心臟監視器，沒有一點反應，沒有跳動一下。醫生們試了又試，可還是毫無反應。

一個護士關掉了監視器。他們一個接一個地走了。傑克站在他的床旁，像被打暈了似的。傑克想自己該怎樣向他的女兒交代呢？

當傑克離開他房間的時候，他看見了她。一個剛離開七一二號房間的醫生正站在那兒扶著她，對她說著什麼。然後醫生走開了，讓珍妮靠在牆上。傑克看到的那是一張痛苦的臉，一雙受創傷的眼睛！

「珍妮，對不起。」傑克說。

「你知道，我從來沒有恨過他，我愛他。」她說，「如果我能趕到……」

傑克雙手抱著她的肩，他們慢慢地沿著走廊走到七一二號房間。她一下子推開了門，走到床前，把她的臉埋在床單裡。

傑克想不看這一幕悲慘的永別。突然他看到床邊桌上的一張紙，便拿起了它。「我親愛的珍妮，我原諒妳，我懇求妳也原諒我。我知道妳愛我，我也愛妳。爸爸。」

傑克的手在顫抖著，他急忙把那紙條塞給珍妮，她讀了一遍，再讀一遍。她把那紙條緊緊地抱在胸前。

傑克踮著腳走出房門，奔到電話機前。他要打電話給父親，對他說：「爸爸，我愛你。」

・原諒你身邊的人

當一個人的生命走到盡頭時，不要讓他帶走任何的遺憾，也不要讓他在世間留下太多的遺憾。

年輕時的情書

住在巷子裡最後一間房舍的老太太，天天都準時在信箱前等信件。她風雨無阻地出現，連郵差都和她熟識了。每次，當她用顫抖的雙手拿起信件時，臉上那種滿足幸福的樣子，好不令人羨慕。有一天，這位老太太沒有出現在信箱旁，只見這戶人家的門上貼著白紙喪聯，郵差悵然地離開，心中十分懷念這位老太太。

屋裡，當家人為這位老太太整理遺物時，發現了那一大疊的信件，沈甸甸地，所有的信件被整齊地包紮在一起。打開一看，嶄新的信封裡，卻是一張張發黃的信紙，那上面用工整的字體寫著充滿愛意的文章，這些都是老太太年輕時她的先生寫給她的情書。原來她又把這些信重新投郵，讓自己再次回到那些年輕的歲月中……

• 用愛將自己妝點

若有一天當你老去，白髮斑斑地坐在搖椅上，是否還可以保持一份年輕的心，重新回到那些青春的歲月裡呢？讓我們再多一點點美好的憧憬和希冀吧。

血奶

年輕的母親正在溫馨的家裡一邊織著毛衣，一邊用腳輕輕搖動著搖籃裡年幼的孩子。突然間地震發生了，母子一同墜入了廢墟和黑暗中。萬幸的是，母子都沒有受傷，母親把孩子緊緊抱在懷中，等待援救。一天過去了，兩天過去了。孩子吃盡母親雙乳裡最後的兩滴奶，哭聲漸漸衰弱，再不獲救，孩子將被渴死餓死，先離母親而去。絕望中的母親兩手亂扒，企圖從鋼筋水泥中獲取食物，她的手觸到了織衣針，心中一陣狂喜：孩子有救了。

一周之後，母子倆終於重見天日，孩子安然無恙，母親卻永遠閉上了雙眼，臉色蒼白得很。人們驚奇地發現，母親每個手指上方都紮了一個小孔，孩子正是靠吸吮母親的血存活了下來。

・用生命換得生存

在人類一切感情中，只有一種是不需要任何理由的，這就是愛。

在人類所有的愛中，也只有一種是自始至終不會確減退的，這就是母愛。

飢渴的老牛

在一個極度缺水的沙漠地區，人們的用水量嚴格限定為每人每天三斤，而水的來源也只能依靠駐軍部隊從很遠的地方運來。日常的飲用、漱洗、洗菜、洗衣，包括餵牲口，全部都依賴這三斤珍貴的水。

人缺水不行，牲畜也一樣，渴啊！終於有一天，一頭一直被人們認為憨厚、忠實的老牛渴極了，牠掙脫了轠繩，強行闖入沙漠裡唯一的也是運水車必經的公路。終於，運水的軍車來了，老牛以不可思議的識別力，迅速地衝上公路，軍車一個緊急剎車停在了路中。老牛沈默地立在車前，任憑駕駛員呵斥驅趕，牠也不肯挪動半步。五分鐘過去了，雙方依然僵持著，運水的士兵以前也碰過牲口攔路索水的情形，但牠們都不像這頭牛這般倔強。人和牛就這樣耗著，最後造成了堵車，後面的司機開始叫罵，性急的甚至試圖點火驅趕老牛，可是老牛不為所動。後來，牛的主人尋來了，惱羞成怒的主人揚起長鞭狠狠地抽打在瘦骨嶙峋的牛背上。牛被打得皮開肉綻，哀哀叫喚，但牠還是不肯讓開。鮮血流了出來，染紅了鞭子，老牛的淒厲哞叫，和著沙漠中陰冷的酷風，顯得分外的悲壯。一旁的運水士兵哭了，叫罵的司機也哭了，最後，運水的士兵說：「就讓我違反一次規定吧，我願意接受一次處分。」他從水車中取出半盆水——正好三斤左右，放在牛面前。

出人意料的是，老牛沒有喝以死抗爭得來的水，而是對著夕陽，仰天長哞，似乎在呼喚什麼。

不遠的沙堆後面跑來頭小牛，受傷的老牛慈愛地看著小牛貪婪地喝完水，伸出舌頭舔舔小牛的眼睛，小牛也舔舔老牛的眼睛，靜默中，人們看到了母子眼中的淚水，沒等主人吆喝，在一片寂靜無語中，牠們掉轉頭，慢慢往回家的方向走去。

・生命的抗爭

在生與死的面前，任誰都會掙扎、抗爭一番，而像文中的老牛那樣，拼死抗爭只是為了讓自己的孩子可以喝上一口水，這番行為確實是可歌可敬。然而更值得我們敬佩和深思的是偉大而無私的母性，那麼作為孩子的你，又能為母親做些什麼呢？

真愛的力量

十八歲的李如萍考進了大學。

在李如萍讀大三的時候，她戀愛了。對方是李如萍的同班同學，叫威廉，美國人。母親知道了這件事，她並不樂意自己的女兒遠嫁外國，所以給了不少壓力。李如萍寫信給感情很好的表姐，請她幫忙勸勸母親。在親戚們的勸說之下母親堅持不了，掉了幾次淚，也就只好默許了。

畢業那年，李如萍考上了本校的研究所，準備繼續攻讀，威廉留校當了一名助教。在所有的親屬看來，李如萍和威廉是一對標準夫妻。學校配給他們一間宿舍以供將來結婚之用。親戚們都盼著他們「花燭洞房」的那一刻早日到來。

突然有一天，在去上課的路上，威廉的右腿疼痛得不能行走。送到醫院檢查，被告知患的是骨髓癌。

在李如萍不斷的眼淚和一片哀聲之中，威廉被截了肢。這時候，母親的態度起了變化，她趕到學校，說什麼也不同意女兒的婚事了。然而，李如萍還是用輪椅車推著威廉去辦了公證結婚。學校的同事們都趕來祝福。李如萍和威廉的臉上都蕩漾著笑。

幸福終究沒能挽留住威廉，他在幾個月之後撒手西去，李如萍一襲黑衣，帶著威廉的骨灰回到了他的美國老家。從未見過面的「婆媳」倆抱頭痛哭。回程的時候，李如萍特意帶回了一把威廉的骨灰，放在一個紫木盒中，置在床頭。每每夜深人靜時，李如萍忍不住，便會打開盒蓋，希冀威廉能與自己對話。痛苦也罷，思念也罷，不知不覺中李如萍完成了學業，居然又考上哈佛攻讀博士。

後來就很少聽到李如萍的音訊了。親戚們偶爾在李如萍的家裡見到了李如萍在畢業典禮上頭戴「博士帽」的照片。李如萍看上去精神不錯，可是眼中仍有一抹揮之不去的悲哀。李如萍的母親低聲地說：「她還一個人生活呢！」誰都知道，李如萍曾經有過真愛，深入其中，終不能自己。

・為了曾經的愛好好地活著

真愛的感動是值得呵護和珍藏的，只是，當心愛的人永遠地離去時，不要讓那份希望重逢的期待折磨著自己。應該好好地活著，為了珍愛的對方，更為了自己。

來自天堂的玫瑰

每年的情人節，蘿絲的丈夫都會送給她一些玫瑰花，花上繫著漂亮的絲帶。這一年，她丈夫去世了，玫瑰花依然送到了她面前，卡片上仍然像從前一樣寫著：「做我的妻子吧！」年年送花，他都寫下這樣的話：「對妳的愛今朝更勝往年。時光流轉，愛妳越來越多。」她想，這年的玫瑰一定是丈夫提前預定的，以後再也不會有玫瑰花了。蘿絲修剪了玫瑰，把花插進一隻很特別的花瓶裡，花瓶旁擺放著丈夫滿面笑容的遺像。伴著玫瑰花，凝望著他的相片，沈浸在美好的回憶中。

一年過去了，終於情人節悄悄到來了，蘿絲再一次收到了丈夫的玫瑰，蘿絲鼓起勇氣問送花的夥計這是誰訂的花，夥計低下頭告訴她，她的丈夫已預訂了很多年的鮮花，如果有一天，她的門不再打開接受鮮花，那麼花就會送到他們的墓地。

・至死不渝的愛

愛在生死面前並不脆弱，離去的人總是希望活著的人能活得更好，更希望愛會陪伴她一生。

因為愛你而存在

對於如月來說，這個世界真是充滿了痛苦，而這痛苦的根源便在於她的失眠症。

每天，幾乎從太陽落山時起，她內心便充滿了煩躁。八點鐘，她便開始醞釀睡覺情緒，一到九點，便十分準時地要上床了。此時，丈夫若還在客廳看電視，如月便會用腳把床板打得通通響，丈夫只好捨棄心愛的足球節目，來到房間。丈夫若是想坐在床頭看看書，如月便會不斷地在床上翻來覆去不讓丈夫安靜，以示抗議，丈夫只好放下書關了燈睡下。丈夫從不會生氣，不一會兒，便發出了輕微的鼾聲。如月這下更覺得委屈了：他這麼沒心肝，竟然敢丟下她一個人睡著了。如月便自虐式地把頭搖得撥浪鼓似的。

丈夫被弄醒了，只好努力忍住不睡著。此時，外面若有任何風聲蟲鳴，她便會在那兒怨天怪地；間或有人喧嘩，她就會在那兒埋怨。丈夫陪著她怨天怪地，直到她睡著了，這才敢睡去。

如月在家裡有一條毫無道理的原則：我失眠，你就該讓著我。兩人有時為了雞毛蒜皮的事爭吵起來，或是丈夫大意忘了這個原則，如月便會惱羞成怒地摔東西，然後便是摔自己，橫豎往地上一躺。此時的她絕對遠離教養與文明，完全是一副「我會失眠我怕誰」的模樣，霸道得讓丈夫只有賠禮認錯的份兒。丈夫說：「你去醫院看看吧？」「我沒病上什麼醫院。」「那你吃點安眠藥試試？」「你想害我呀！安眠藥有毒。」

「那怎麼辦呀？」「好辦，我不上醫院不吃藥，只要你陪我失眠。」

這一陪就是十幾年。十幾年來，丈夫從未出過差，每遇有出差任務，丈夫便會找主管反覆陳述原委：「我不能去呀！我老婆有失眠症，我走了，她怎麼辦？」

這算什麼理由啊，在上司看來，這完全是藉口。於是，「不求上進」的丈夫在公司一直是個毫無輕重的小職員。

有一天，丈夫騎車上街買菜，恍恍惚惚的，不知怎麼就鑽入車輪底下了……

沒有了丈夫，如月的失眠症卻不治而癒了。有人悄悄問她為什麼，她黯然淚下：「我現在失眠給誰看呀！沒有了愛你的人，失眠也就無情無緒了。」

・存在就是希望

原來，失眠也是一件武器，在真心愛你的人面前，它奪取的是加倍的愛。

蝴蝶禮物

費得羅四歲的女兒阿迪娜有個星期天早上起得很早，他們坐在廚房地板上，用粘土塑出各式各樣的東西——一個人、一匹馬、一隻狗和一隻小雞。早餐後費得羅想溜進他的小房間看點書，可是阿迪娜跟在他身後，說道：「爸爸，我們來做點什麼東西。」費得羅只好說：「好，甜心，告訴我你想做什麼，我們就來做。」

女兒想了一會兒後回來了，說道：「爸爸，我們來做一隻蝴蝶。」費得羅用了一張卡片，教女兒該怎麼做出翅膀的形狀，女兒花了很長的時間著色，然後他們做了個基座，好讓蝴蝶站穩，女兒對這隻蝴蝶感到驕傲，當她給費得羅看已經完成的作品時，費得羅說：「不過，阿迪娜，這隻蝴蝶沒有嘴。」

女兒又弄了一會兒，還做了一個舌頭伸到嘴角的鬼臉。女兒把蝴蝶放在費得羅書桌上時，他們笑了起來，然後兩人外出去享受一個美麗的秋日。

那天晚上，阿迪娜睡醒了說道：「爸爸，我頭好痛，覺得很不舒服。」她發燒了。

第二天她媽媽帶她去看醫生，診斷出她得了脊髓腦膜炎。

她病情很嚴重，五個醫生努力了一整夜試圖挽救她的生命，但在星期二早晨六點，阿迪娜還是走了。

費得羅很累，很氣憤，很灰心，完全失了心魂，他感覺此生所有的努力似乎都那麼微不足道，生命也失去了平衡。

然後他看到了它，書桌上那隻叫人難以置信的蝴蝶，它多彩的翅膀，大大圓圓的眼睛，一個伸向世界的舌頭，它背後還有一大片藍天。

阿迪娜留下了很多回憶，但她留下的最重要的禮物，還是這隻蝴蝶。

・盡情和愛人分享每一秒

這個故事在提醒著每一個忙碌的人，生活是為了要和我們所愛的人一同生活，相互關心，一同保持著希望，分享彼此。要知道，因為生命如此短促，所以跟你所愛的人盡情分享每一分每一秒才更顯得最為重要。

與未來的契約

當琳達和四歲的兒子走到街邊準備過馬路時，突然聽到了汽車輪胎刺耳的嘶叫聲。一輛失去控制的轎車正飛速向他們直衝過來，這時已經來不及閃躲了，所有這一切都發生在千分之一秒內。

轎車撞到了離他們只有幾步之隔的人行道上。其實當時琳達並不確知那輛車距離他們有多近，只是在最後的那一刻琳達將自己的背轉了過去，但那輛車真的就停在了他們跟前。於是，人們都停下車來詢問琳達和她兒子的情況。

「車沒有撞到我們。」琳達從巨大的驚嚇中回過神來，連忙對周圍關注的人們說道，她感到有點惱火，難道他們看不到自己與兒子毫髮無傷嗎？

琳達蹲下身子，將兒子緊緊地擁抱在懷中。

「媽媽，那輛車剛才差點兒朝我們開過來。」兒子聲音清朗地說道，手裡仍然握著那隻上午在幼稚園用紙折成的小貓。天真的他顯然完全不瞭解一輛時速五十公里，重達一噸的汽車衝過來時，會對他造成怎樣的傷害。他頭腦中的觀念顯然並不屬於這個現實且殘酷的世界，動畫片使他深信某個人身處危難時，一定會有英雄俠士從天而降，使人擺脫險境。

琳達走到那輛轎車前，裡面坐著一位六十多歲的婦女，雙手仍然握著方向盤。「妳還好嗎？」琳達問她，言下之意是說：妳差點撞死我和我兒子，妳知道嗎？

「有一輛車在我面前突然轉彎，讓我的車失去了控制……」她開口說道。

那天的事發生之後，琳達在家中的院子裡種了一百多株球莖花卉——蝴蝶花、藏紅花和水仙花，它們在寒風瑟瑟的早春就會奇蹟般地綻放，一位做園藝師的朋友把它們稱做「與未來的契約」。琳達告訴丈夫她愛他，並寫了三封遲到的感謝短箋。她還思考了很多有關生活中的危險與匆忙之間的關聯。

無疑那位差點撞死他們的老婦人當時行色匆忙，好像她是想要趕下一個路口的綠燈。而那位突然開車轉彎的司機肯定也是在趕時間，才會冒險如此橫衝直撞。

而琳達自己也並不是全無責任。由於每日忙碌的生活，她想節省兩分鐘，就沒有多走半條街到十字路口去過斑馬線，而是想在中途橫穿馬路，結果卻險些葬送了自己與兒子兩條性命。

平日裡琳達並不是輕易冒險的人。就在一周前，她剛結束九天的旅行，從日本回來，飛越了二十五萬多公里，其間轉過六趟班機，經歷了六次飛機的起落，有十二次機會成為晚間新聞的頭條。

此刻琳達不禁在心中想著飛行二十五萬多公里都安然無恙的自己，卻差點死在離家只有兩條街的地方；想著兒子幼小的生命幾乎就此被奪走；想著自己的丈夫險些要同時面對兩個至愛親人的喪生，而這一切僅僅源於無謂的匆忙。

如今琳達決定要放慢自己的腳步，想一想即將到來的春天、美麗的花朵以及自己純真的孩子、自己與未來的契約。

・不要匆忙地埋頭直奔終點，看看路上的風景

即使你有一個堅定的目標，並且為了它而奔跑，也不要匆忙到不顧一切，生命對於每個人只有一次。保持一顆善待生命的心去創造生活吧。

討來的一美元

「太太，行行好。」正要乘車的貝爾看見前面不遠處一個衣衫襤褸的小男孩伸出鷹爪樣的小黑手，尾隨著一位貴婦人。「可憐可憐我吧，我三天沒有吃東西了，給一美元也行。」

婦女轉回身，怒喝一聲：「這麼點小孩就不學好！」

小乞丐站住腳，滿臉失望。

小乞丐這時走到貝爾的跟前，攤著小髒手說著同樣的話，貝爾先生心中一陣難過，他掏出一枚一美元的硬幣，遞到他手裡。

「謝謝您，祝您好運！」

貝爾不願意提早過去候車室，就信步走進一家鮮花店。這時，從外面走進一人，正是剛才的小乞丐。

小乞丐很認真地逐個端詳櫃檯裡的鮮花。

「你要看點什麼？」

「一束萬壽菊。」小乞丐開口了。

「要我們送給什麼人嗎？」

「不用，你可以寫上『獻給我最親愛的人』，下面再寫上『祝媽媽生日快樂！』」

街上下起了雨，路上沒有了行人，只剩下各式車輛。突然，貝爾在風雨中發現了那個小男孩，只見他手捧鮮花，一步一步地緩緩地前行，他忘記了身外的一切，瘦小的身體更顯單薄。

貝爾看到他前方是一塊公墓，小乞丐手中的菊花正迎著風雨怒放著。

・不要輕視任何一種愛

父母的養育之恩，當永世不忘。

第五章

愛的寓言

愛是牽手，也是分擔，只有在愛來臨時，
牽著手為彼此分擔，才能使愛走得更穩、更遠。
愛就像掌中沙，握得太緊或者握得太鬆都會讓愛從你的指間悄悄滑出，
只有拿捏好分寸，愛才能天長地久，永不褪色。

把握愛情

一個即將出嫁的女孩，問母親一個問題：「媽媽，婚後我該怎樣把握愛情呢？」母親聽了女兒的問話，溫柔地笑了笑，然後從地上捧起一捧沙。女孩發現那捧沙子在母親的手裡，圓圓滿滿的，沒有一點流失，沒有一點撒落。接著母親用雙手用力握緊那捧沙子，沙子立刻從母親的指縫間瀉落下來。等母親再把手張開時，原來那捧沙已所剩無幾，之前圓圓滿滿的形狀早已被壓得扁扁的，毫無美感可言。

女孩望著母親手中的沙子，領悟地點點頭。那位母親是要告訴她的女兒：愛情無需刻意去把握，越是想抓牢自己的愛情，反而越容易失去自我、失去原則、失去彼此之間應該保持的寬容和諒解，愛也會因此而變成毫無美感。

・愛的智慧在於掌握的分寸

你可以使用任何方法去獲得愛情，然而要守住愛情卻需要智慧。愛情就像掌中沙，握得太緊或者握得太鬆都會讓愛從指間悄悄滑出，只有把握愛的尺度才能讓愛自由地長駐身邊。

一道心理測試題

小彤無意中看到一道心理測試題：「春天的鮮花，夏天的溪水，秋天的月亮，冬天的太陽。

從中選一種自己最喜歡的，看看自己是不是具有浪漫的氣質。」

小彤想了想，選出了「秋天的月亮」。

結果是：「太浪漫，近乎憂鬱。」

這時，她的新一任男友進來，一個高高大大的男孩。

小彤把那道心理測試題遞過去，讓他選，他瞄了一眼笑著說：「你們女生的遊戲。」

同時他毫不猶豫地選了「冬天的太陽」。

小彤眨眨眼：「你一個冬天手都熱得燙人，為什麼選這個？」

男孩奇怪地看著小彤，認為她應該知道原因。

然後不急不緩地說：「你不是最怕冷嗎？冬天手老凍得僵僵的。」

小彤驚住了，感受著他手中那個太陽的溫暖。

小彤怔怔地望著他，眼睛亮亮的。

愛，有時候其實很簡單。

半年後，小彤嫁了他，那個為她選擇太陽的男人。

・愛情不是豪言壯語

豪言壯語、生死相依固然是愛的一種表達方式，但最實在的愛卻往往是在生活中不經意的小事中表現出來。

要相信在平淡無奇的生活瑣事之中有真愛存在，用心去體會，你會感到天天都沐浴在愛河裡。

空出來的一隻手

家杰和女友一塊兒去逛商店，買了一大包東西，由他拿著。回來的時候，他女友在路口看到了一個賣西瓜的小攤販，問問價錢覺得合理想買。

家杰連忙說：「別買了，你看我都快拿不動了。」

女友卻說：「沒關係，我幫忙拿一點。」

一個西瓜有七八斤重，家杰用左手拎著，之前在商店裡買的東西也有四五斤重，女友用右手拎著，他們都沒有想到由家杰用兩隻手來拎。當兩個人很自然地把空著的手拉在一起的時候，他們才猛然意識到：讓一隻手承受全部的重量，原來是為了騰出另一隻手來相牽相伴啊！

・愛是牽著手分擔

愛是牽手，卻也是分擔，只有在愛來臨時，牽著手為彼此分擔，才能使愛走得更穩、更遠。

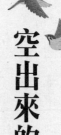

男子漢的愛情

彥良來到一家保齡球館打保齡球。

相鄰球道一位小姐提起一個十磅的球，碎跑幾步，朝球道另一端的球瓶奮力擲去，哪知她那無縛雞之力的纖纖細指沒把球抓穩，球非但沒有朝目標滾去，反而重重的砸在彥良的腳上。

他雙手緊握傷處，痛得直叫，只見他的腳背立刻腫了起來，血已浸透到襪子上，脫去襪子，他左腳大拇指的指甲蓋已經脫落。

小姐嚇得臉色發紫，驚慌失措，一個勁兒地說對不起。不料彥良不惱不怒，反而吃力地笑了笑，誰都沒想到他竟然出語幽默：「小姐，妳再練練一定能夠次次全倒，我的腳指頭那麼小妳都能打中，球瓶那麼大一定會打得中的。」

小姐忍不住噗哧笑紅了臉：「十指連心，可是你再疼也不吭一聲，真是個勇敢的人。」

彥良又歪咧著嘴說：「我不是女人，也不是太監，因為我是男子漢！」

這位小姐執意要送彥良去醫院。後來，這個意外事故的結尾卻演變成一個美好故事的序曲。那位小姐和彥良戲劇性地談起戀愛，並結成良緣。

成為彥良妻子的這位小姐常常誇丈夫：「他堅強勇敢，胸襟寬廣，為人和氣，機智幽默，懂得體貼、諒解他人的過失，是值得終生依靠的男人。」

彥良也說：「當初我要是開口罵人，既不能解痛，更不能解氣，何苦咧？傷個指甲蓋，卻換來一個好老婆，可以說是因禍得福啊！」

．善待上天給你每一個機會

與人為善有時不需要你付出任何代價，說不定可以讓你獲得意想不到的結果。如果你能夠在日常生活中身體力行「與人為善」這四個字，你一定會得到很好的回報。

作曲家的愛情

摩西．門德爾松是德國知名的作曲家，他除了相貌極其平凡之外，還是個身材矮小、個性古怪的駝子。

一天，他到漢堡去拜訪一位商人，這個商人有個女兒名叫弗蒂，摩西無可救藥地愛上了她，但弗蒂卻因他異常的外貌拒絕了他。

當摩西將要離開的時候，他鼓足了勇氣來到弗蒂的房間，準備和她進行最後的談話，但讓他十分沮喪的是弗蒂始終拒絕正眼看他。

多次嘗試性的溝通失敗後，摩西歎了一口氣問弗蒂：「妳相信姻緣天注定嗎？」

弗蒂眼睛盯著地板答了一句：「相信，」

然後反問他，「你相信嗎？」

摩西回答：「我聽說，每個男孩出生之前，上帝便會告訴他將來要娶的是哪一位女孩。我出生的時候，上帝已經把未來的新娘配給我了，他還告訴我，我的新娘會是個駝子。我當時一聽，便向上帝懇求：『上帝啊！讓一個女孩成為一個駝子將是一件多悲慘的事呀！求您把駝背賜給我，再將美貌留給我的新娘吧。』」

弗蒂震驚地盯著摩西的眼睛，過了很久，她把手伸向他。

最後，弗蒂成了摩西最愛的妻子。

・不要自己瞧不起自己

愛情有時是脆弱的，它往往會因為很多外在的因素退卻；而愛情有時又是最堅強的，它可以為了心中的激情與感動而不在意任何的外在因素。

要讓愛情脆弱或者堅強的關鍵在於愛著的人自身，一個為了愛人可以堅強的人，他的愛也會堅強。

如願以償

坐在聯合火車站的檢查室內，亨利能看清走上臺階的每一個人。亨利左側雜誌亭的主人托尼是研究機率學的，因為他喜歡賭賽馬，他宣佈根據他的理論可以算出，如果亨利在這兒再工作二〇年，他就會看見世界上所有的人。

於是亨利得出這樣的結論：如果在像聯合火車站這樣的大站停留足夠的時間，就能看到來旅行的每一個人。

亨利將他的理論告訴給許多人，不過除了傑夫以外沒有人為之所動。傑夫三年前就來這裡，是為了迎接九點五分的火車。亨利還記得第一次見到傑夫的那個晚上。當時傑夫很瘦，很焦急，他穿戴整齊，亨利知道傑夫是要接他的戀人，而且見了面後馬上就會結婚。不用解釋亨利是怎樣知道這一切的。如果你像亨利一樣觀察在臺階上等待的人們十八年，你也會很容易地得出上述結論。

直到九點十八分的車快到時，亨利才得空瞄一眼往臺階的盡頭看去，令他吃驚的是那年輕人傑夫還在那兒。

九點十八分的車過去了，她沒來。九點四十分的車也過去了。搭乘十點二分的車的旅客來了，又紛紛離去了，傑夫絕望了。他來到亨利的窗前，亨利問他，她長的是什麼樣。

「她小個兒，有點黑，十九歲，走路很端莊。她的臉，」他想了一下說，「看起來很有精神，她的眉毛中間皺起一個小疙瘩。她有一件棕色皮外套，不過也許她沒穿那件。」

亨利不記得見過那樣的人。傑夫給亨利看他收到的電報：星期四九點五分到車站接我。愛你愛你愛你愛你。梅。這是發自納伯拉斯卡州的奧麥哈。「那麼，」亨利最後問，「為什麼不給你家打電話？也許她先到了。」

傑夫不自然地看了亨利一眼。

「我到這兒才兩天。我們打算見面後去南部，在那兒我有一份工作。她，她沒有我的地址。」他指著電報，「我收的是普通郵件。」說完他走向臺階的盡頭，查看搭乘十一點二十二分的火車到來的旅客。

亨利第二天上班時，他又在那兒，他一看見亨利就走了過來打招呼。

「她有工作嗎？」亨利問。

他點點頭：「她是個打字員。我發過電報給她以前的老闆．他們只知道她辭退工作結婚去了。」

以後的三四天，傑夫都會來等每一輛火車。當然，在沿線也做了查訪，警察也參與了此事，但是都沒能幫上忙。亨利看得出來，警察他們認為梅顯然是愚弄了傑夫。

但不管怎樣，亨利從不相信。

大約兩星期後的一天，傑夫和亨利閒聊。

「如果你等得夠久，」亨利說，「總有一天你會看見她走上這個臺階的。」

又一個星期過去了，亨利來上班，傑夫就站在托尼的雜誌亭櫃檯後面，他難為情地看著亨利說：「你瞧，我總得有份工作，是不是？」

於是，他成了托尼的夥計。亨利注意到，傑夫總是看著走上臺階的每一個人。

年底，托尼在一次賭博的爭吵中被殺了，托尼的遺孀將雜誌亭交給傑夫經營。過了一段時間，托尼的遺孀又結婚了，傑夫便買下了雜誌亭。他借錢安裝了蘇打水機，不久他的生意便初具規模。

一天，亨利聽到一聲驚叫，接著是很多東西紛紛掉落的聲音。驚叫的是傑夫，傑夫躍過櫃檯時碰掉了許多布娃娃和其他東西。他衝過去，一把抓住一個離亨利的窗口不到十碼的小姐。她個子有些小，皮膚有點黑，眉毛中間皺出一個小疙瘩。

好一陣子，他們相互擁抱著，笑著，叫著，語無倫次。她似乎說：「我原本指的是汽車站……」他吻得她說不出話，告訴她為了找她他做了許多事。顯然，三年前梅是乘汽車而不是乘火車，她電報中指的是汽車站而不是火車站。她在汽車站等了很多天，為了找傑夫花掉所有的錢，最後她找了一份打字的工作。

「什麼？」傑夫說，「你就在鎮上工作？一直都是？」

她點了點頭。

「噢，天哪，你為什麼不到火車站來？」他指著他的雜誌亭，「我一直在那兒，那是我的，我能看見走上臺階的每一個人……」

她的臉色有些蒼白。好長時間她都看著臺階，並用微弱的聲音說：「我，我以前從未走上這個臺階。你知道，我今天是為了業務上的事……噢，傑夫！」

她用雙臂摟著他的脖子，真的哭了起來。

過了一會兒，她退一步指著火車站的北端說：「傑夫，三年了，整整三年啊，我就在那兒，就在這個車站工作——打字——就在站長辦公室。」

對亨利來說，驚奇的是機率學對這對有情人如此苛刻，最終使梅走上臺階竟然需要如此長的時間。

・愛需要耐心的等待

當你在某個地方等待著你想要見到的人時，他（她）或許就在離你不遠的地方等待著你。時間和位置的差距把你們的相見推遲了，但是真心的等待終究不會是一場空。

生命裡的一種堅持

有一位勇敢的鬥牛士和他心愛的姑娘戀愛了。

他們的約會時常發生在鬥牛競技場裡，他們相擁在一起的時候，彼此感到從未有過的快樂。

他們偷嘗了愛的禁果。

萬聖節，一場舉國矚目的鬥牛競技開始了。她站在看臺的第三排，為他每一個危險動作喝彩。

他很興奮，因為這場比賽的獎金足夠與心愛的人舉行盛大的婚禮。

可是，悲劇就在這時發生了，在他揮動長劍刺向公牛的時候，一不小心被石塊絆倒在地，憤怒的公牛把他挑向天空……

場外的歡呼聲夾雜著尖叫，一片混亂。鋒利的牛角刺穿了他的心臟，他本來答應把心完整地交給她的。

她雙手掩面痛哭失聲，這一天是她的世界末日。

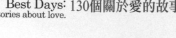

二十年後，當她和兒子重新站在鬥牛場上時，歡呼聲從看臺上轟然響起。

她彎下腰，取出珍藏了二十年的紅腰帶，用力纏繞在兒子的腰間，希望兒子能有好運，能夠取得勝過他父親的成就。

・愛的堅持

當女主角把紅腰帶繫在兒子腰間的那一瞬間，她就重新燃起了希望之火，希望兒子能繼承父親未完成的事業，希望兒子能有更好的未來。這也是她對愛，對人生的一種堅持。

愛情的起點

有一個男孩愛上了一個女孩，他決定向女孩求婚，並且發誓百折不回，直至勝利。

第一次求婚，女孩拒絕了他。

其實當時女孩是為了試探他是不是真心，也為了自己的矜持。而男孩卻哭了。男孩的眼淚讓女孩子突然間感到很失望。女孩說：「你這麼脆弱，這麼不愛惜一個人的堅強形象，我怎麼敢嫁給你呢？」

男孩沒有動搖愛意，一年後他第二次向她求婚。這時他「戒」掉了眼淚，變得很堅強。

女孩子出於謹慎，又拒絕了他。

哪知男孩子「撲通」一聲跪在她面前，苦苦哀求起來。

女孩更加失望了，她說：「人生不知有多少比愛情更難征服的困難在等著你，那你打算一輩子跪著做人嗎？你這麼不愛惜自己的尊嚴，我怎麼敢嫁給你呢？」

男孩仍然不死心，第三年，他第三次向她求婚。這時的他性格已經變得十分堅強，看上去也成熟多了。

女孩為了做最後的考驗，又拒絕了他。

殊料男孩立刻從懷裡掏出一把匕首，寒光一閃，他的一根指頭立刻離開了自己的身體，血流汩汩的男孩絕望地咆哮：「你答不答應？」

女孩徹底失望了。

她對男孩說：「我花了三年的時間來啟發你，卻仍然沒能讓你真正地懂得愛情。你連自己的身體都不愛惜，你還會愛我嗎？」

．學會愛

一個人要想得到真正的愛情，必須懂得和學會自愛、堅強、尊嚴和熱愛生命。

回答的問題

她問：「如果我和你母親同時掉進水裡，你先救誰？」從前也不是沒有想過，只是，一樣的最愛……他大窘，左手搓著右手：「我不知道我會先救誰。」大概是所有戀愛中的男人都必須回答的關口吧，可是，他卻沒能過去。

「哄一哄我也好嘛！」她跺腳，幾近落淚。

最後她和他還是結了婚，但是她卻隱隱有憂。

婚後第一個春節，按照風俗，她應該到婆婆家過年，因為，她是他們家的媳婦了。

婆婆家在鄉下。過年了，路上湧入四面八方地往家趕的車輛與一車的歡聲笑語。忽然，「轟」的一聲，他們搭乘的客運跌進了大河裡。冰冷的水從各個縫隙裡擠壓進來。只一瞬間，一車的昏暗，一車的哭喊，一車的絕望。

已到了陰曹地府的門前了吧？

裡面是慌作一團的人，外面是漆黑無邊的水，躲無處躲，藏無處藏。她嚇呆了。

他是冷靜的。一台嶄新的VCD，原本是送給老人的禮物，他迅速取出，砸破車窗，迎著洶湧而入的水，奮力往外一鑽，像魚一樣竄向水面……

他竄上去了？關鍵時刻，他竟然自顧逃命！又逐漸有玻璃砸碎的「嘩啦」一聲，人們爭相逃出車外，唯她不動，她不會游泳。車內的水不停上漲，任憑它及膝，及胸，及唇。淚，卻無聲下流。醒來時，已在岸上，在他懷裡。她驚訝、恐懼，一場生死，已然恍若隔世。他滿臉歉意：「對不起，嚇著你了。我必須先弄明白沈車位置和水深。上來的時候，妳掙扎得好兇。」

「我一直記得還欠你一個問題，現在我可以回答妳了：如果妳落水，我會來救妳，說不出先救誰，但妳一定會先我而上岸，除非……」不等他說完，她拼命捂住他的口，她已經恨死了自己的這張烏鴉嘴，一朝應驗，幾乎痛悔終生。她卻也突然明白：在自己與他母親之間，當初無法作出選擇的人，才真正可以放心一嫁。

‧無法選擇

愛情是不需要、也不可能預演的，任何在愛情面前的假設都是脆弱的、經不起考驗的，然而儘管如此，愛情中最重要的因素還是彼此信任，要知道不是所有的考驗都能有個圓滿的結局。

美麗毀了愛情

男孩和女孩相戀多年，就要結婚了。

女孩突發奇想，要給男孩一個意外的驚喜。女孩長相平平：小眼睛、塌鼻子、扁平臉。

她曾無數次站在鏡子前，內心一直隱隱地為這張平淡無奇的面龐遺憾著。她想，就要結婚了，如果現在不變這張臉，今後或許就不會再有機會了。

於是她對男孩說，公司有事，自己必須要出一趟遠差，回來就可以和他結婚了。

一個月後，女孩回來了。

站在男孩面前的她，雙眼皮，挺鼻梁，高顴骨，曲折的線條讓臉部近乎完美。男孩看著她驚訝得很長時間說不出話來。

女孩微笑著說：「是我呀，不認識了？我去整容了。怎麼樣，我現在這模樣比以前好看多了吧。」

男孩說：「模樣是好看多了，但是我總覺得妳不是妳，而是一個陌生人。」

後來的日子裡，女孩因為自己美麗的外表而變得自滿和虛榮起來，她和男孩的距離也越來越遠了。

男孩盡力想和女孩和好如初，可是他總是無法把她和當初的她看成同一個人。他想念著當初那個普通但真實的她，怎麼也接受不了現在這個美麗但卻虛假的她，終於不得不和她分手。

・愛情不要任何修飾

真實才是最美麗的東西。真正的愛情是一種純潔心靈的奉獻，它容不得任何虛假的東西。

傷痕

那年，他和她都讀初三，但是那個年代還不允許國中學生早戀，他倆只能小心翼翼地交往。儘管如此，他和她的緋聞還是在班上流傳開來。他開始變得有些害怕，有一天，他用粉筆在黑板上寫了一篇文章，雖未指名道姓，卻是在指桑罵槐地影射是女孩自作多情。班上同學見了後，都似乎恍然大悟，原來是她在糾纏他啊！她知道此事後並沒有做任何辯解，只是臉色慘白得嚇人。但那篇文章很快就被人擦掉了，不知道是誰。他終於如願以償地上了高中。高中畢業那年，他開始意識到因為自己年少懵懂而犯下的錯。他寫信請她原諒，他還告訴她，那篇只保存了幾個小時的文章，其實是他用黑板擦掉的。她回信了，只有幾句話：「有一種傷痕是永遠也擦不掉的，那就是愛的傷痕！因為它深深地刻在了心裡，並且隨著青春的漸老而一觸就痛。」

・**愛的傷害**

你所能傷害的，都是這世界上愛你的人，因為不愛你的人可能根本不在乎你，所以更談不上傷害了。所以，請珍惜那些最愛你的人的感情吧！

心燈

今晚，和許多個平常的周末夜一樣，葉是一個人回家的。

這條路窄而幽長，沒有路燈，臨街人家的小窗卻映出許許多多關切的光，雖然不亮，卻好像永遠不滅，彷彿是專為像她一樣愛走夜路的人照著的。

夜很靜，葉極喜歡在這些不相識的燈影裡獨行，聽著自己在水泥地上踩出的足音，忘記落寞孤單的感覺。不同的是，在葉身後，今晚又多了一個人的足音，結實有力，但很陌生，似乎在跟著她。葉努力不回頭，心中卻恐慌得很，懷疑自己遇上了壞人。

「葉。」一聲輕喚，葉站住了，回頭，發現一張男孩的臉，似曾相識，但無論如何葉也記不起是哪位了？望著他，葉好不解。

「別那麼冷酷地看我，十年前，妳的目光就是這樣不屑一顧。那時，妳是我心中的一盞燈，我每天都在這條小路上等妳，一看見妳，我就遠遠跟著，後來我用學生時代存下來的錢給妳買了一盒雪花糕和一個小圓鏡，連同一封很長的情書捧到妳面前，妳很漠然地拒絕了。再後來我又買了剛上映的電影票托人送給妳，那是一個飄雪的夜晚，我就在這裡等妳等到了半夜，心凍僵了，而妳始終沒有來。我恨妳，十年來我一直都在恨妳，現在依然恨，雖然我已有了滿意的未婚妻。今晚是我最後一次跟著妳，就是為了告訴妳，一直視妳為燈的人——恨妳！就這些，再見。」說完，男孩毅然轉身走了。

葉眼中霎時溢出一種被喚醒的感動，不禁柔聲喚道：「請別就這樣走了，你也該聽聽我說幾句呀！」

他站住了，回過頭，一臉的柔和。在朦朧的燈影裡，葉這才直視著十年前自己不曾正視過的眼睛，它明亮、執著，流溢著一股深刻的愛和深刻的恨。望著他，葉再也沒有語言，只知道自己原來在無意之中傷害了一個很優秀的男孩，他的眼睛，不就是光彩照人的燈嗎？

十年前，他一副學生模樣天天等自己的情景，此時清晰地浮現在葉的眼前，那盒被退的白底紅花的雪花膏和那個小圓鏡她也依然記得，還有那張藍色的電影票，在日記本裡夾了好久後才找不到。那時還是純情少女幻想的年歲，心中崇拜的偶像是類似電影裡高大英俊的白馬王子，哪會注意身邊時不時來糾纏的小男孩？後來，果然在自己天真的眼裡，有了一位高個子並將其視為自己的「白馬王子」和照亮自己、榮耀自己的燈，從此傾心不能自拔，醉心於一種最初的情懷和最真的夢，然而那燈，還沒來得及點亮，就已經在自己的眼裡破滅了，那高個子，是一個善於在「鮮花」叢中漫步的人，他在對一朵花甜言蜜語的同時，也對另一朵花甚至更多的花說著同樣簡單而且動人心扉的情話，最後又一一丟棄。

她的夢碎了，心也變得殘缺，再也不知真誠有什麼用，癡心又有什麼？最初最真的情感被傷害、欺騙得太深，失落化成了永遠的孤獨……

如今，面對這樣一個實實在在，對自己專注十年之久的出色得絕不亞於那個高個子的男孩，葉再也無言以對。愛有多深，恨就有多深，她還能說什麼呢？何況他已有了「滿意的未婚妻」。

沈默，溫馨的燈影裡有一段似金的沈默。

「謝謝你！同時請你原諒，我好抱歉，是我不好，當初傷害了你最純潔的心，真對不起。」

他笑了，笑得很生動。然後他走近葉說：「十年了，我第一次看到妳的態度也能如此輕柔，這就夠了，我會原諒妳的。但請讓我心中的愛與恨繼續保留吧？那是一片非常乾淨的聖地，是我一生中最美好的記憶，對熱愛生活的人來說，誰都沒有權利忘記它！」

「是的，我知道沒有結局的故事才更值得珍惜。」

「當然，得不到的愛或許才是最美妙的愛，在我的記憶裡，妳永遠是那盞燈。我曾經把這件事當故事一樣講給我的未婚妻，她說少年時代的純情是非常美好而真摯的，雖然你沒能擁有那盞燈，但她至少喚醒了你最初的情懷，讓你在那份希望裡苦苦追求過，讓你懂得了愛，也知道了恨，就憑這，那盞燈也永遠值得珍藏在記憶裡。」

「真為你高興，她說得多好啊！她才是真正能帶給你光彩和溫暖的燈，祝賀你，也真誠地祝福你們永遠幸福、快樂！」

「謝謝妳的祝福，我也祝福妳永遠像燈那樣光潔、年輕！」

「我很感激，也會珍惜！那麼，我們說再見吧，已經很晚了。」

「好的，再見！」他一甩頭，很自信地大步走了，老遠，還依稀看見他回過頭來向她揮手，葉眼眸突然生出一種潮濕的感動。抬頭凝視臨街小窗的燈，覺得那是一雙熟悉又關切、又不能漠視的眼睛，它們遙遠而永恆地注視著自己，漸漸地，沈淤成一份最凝重、最美麗、最雋永的溫馨。

・心燈

在這世上，也許有人會是你的燈，而你也會是某人的燈，不論怎樣，都應該感激並銘記這情燈的溫馨，畢竟它曾照亮過你腳下的路，點亮過你心中的希望，給予了你愛與恨的領悟。

等待來的失去

珍甄工作的商務大樓，只有兩部電梯可以到達她公司所在的那一層。珍甄是個很迷糊的人，常常因為沒有趕上電梯，最後超過打卡時間，被老闆扣了不少薪水。所以當好幾次她又跌跌撞撞衝向正緩緩合上門的電梯時，有個男人總是及時又默契地為她重新開啟。她對他有了好感。

於是他們開始交往，但只是下班以後一起去喝喝咖啡，或者偶爾看一場電影，僅此而已。

珍甄是一個有點小心眼又有點矜持的女孩子，所以她等待著。總該有些什麼吧？一束花，一個小小的戒指，或者，只是一句話。

心裡，是期望收到一束玫瑰的。或許，要等到下個情人節？

他卻總沒有表示。珍甄有點生氣了，於是故意和他疏遠了一點。

他似乎也沒有察覺。只是每次珍甄快要遲到的時候，他總會有心靈感應般地替她開著電梯門。

在某個不是情人節的日子，珍甄收到了他的玫瑰花，可是同事告訴她，他已經走了。

他在卡片上說，他在這裡的工作已經完成，又沒有足夠的勇氣要求她和他一起走，所以便與她不告而別。

珍甄終於等到了她想要的鮮花與愛語，同時卻也永遠地失去了他。她不知道這算不算是一種諷刺……

‧愛只傾向於勇敢的人

對於不懂得或者沒有勇氣為自己爭取幸福的人來說，等待僅僅是一種浪費，是令人心痛的浪費。

愛總是會傾向於有勇氣表白及勇敢的人。

情書

他曾愛過她，但遭到拒絕。她嫁給了別人。他不斷地給她寫信。但這些信她從來不讀，只是出於一種女人的癖好，她把它們原封不動地保存下來。她每月一次從信箱裡取出他的一封信。書桌抽屜裡的信越堆越高。他那份執著的癡情使她驚訝，而她的心裡也感到幾許甜蜜。十年過去了。她的家庭生活並不完全像她所希望的那樣美滿，丈夫因病而過早地丟下了她。

在一個沈悶而無聊的夜晚，她決定看看他信裡寫了些什麼。她把信數了一遍，一共一百二十三封信。她來回翻著歷年所收到的這些信，不知先拆哪封信是好。最後，她拆開了最近的一封。信封裡居然是一張白紙。

她又拆開一封，再拆一封，所有的信封裡裝的都是白紙。

・愛是無語的表達

表達愛的語言有很多種，當一種文字的傾訴轉變成了無語的掛念時，那就已不再是普通意義上的愛了。那更是一種真摯而純潔的祝福。

天涯與海角的距離

大一下半年，擎風認識了正在讀大二的雲芸，她讀的是專科，還有一年就畢業了。雲芸是個聰明活潑、美麗善良又大方得體的女孩，當擎風第一次見到雲芸時，雲芸那雙閃爍著純真和激情的眼睛，使擎風下意識地感到他們之間一定會發生些什麼，誰都無法躲避。如果這不叫一見鍾情，那也可以稱之為情有獨鍾吧！

在雲芸面前，擎風有一種難言的喜悅和激動。一個浪漫的夏夜，擎風約了雲芸一塊兒出去散心，雲芸依約而至。走在那美麗的校園中，欣賞著旁邊的花草樹木，談論著人生的喜怒哀樂，那夏日令人無奈的煩悶和疲憊早已毫無蹤跡。雲芸就像是一隻可人的小鳥，時東時西跳躍在自己身旁，使擎風體驗到一種從未感到過的舒暢。不知不覺已是小雨濛濛，絲絲的涼意稍減夏日的酷熱，卻更添了幾分愜意，幾分浪漫。雲芸眼神中流露出的熱誠令擎風十分心動，此時，聽雲芸說話對擎風來說就是一種享受，她那清脆甜美的聲調，在擎風的心弦上彈奏出美妙的旋律，擎風他陶醉著……

一天晚上，他們海闊天空地聊了關於她和他的種種，他們彼此的心更加靠近了。

自此，擎風完全沈浸在愛的汪洋中，在鬱悶時有一個人可以安慰他，可以傾聽他的心語；高興時也有一個人與他分享。然而，正當擎風沈浸在愛的甜蜜世界裡不能沒有雲芸時，雲芸即將畢業的現實使他感到陣陣的恐慌。

雲芸快畢業了，雲芸在電話中告訴擎風現在找工作是多麼的困難，話語中透出些許無奈，同時還不忘勸告擎風要抓緊學習，不要荒廢了學業，爭取考研等等，而擎風除了安慰她鼓勵她不要放棄外，再也幫不上什麼忙。很長一段時間，擎風打過去的電話多是無人接或是她不在，擎風知雲芸在忙於找工作。再見到雲芸時，她一臉憂傷，毫無往日的風采，她心情沈重地說，明天要到另一個城市去工作了，最後她說如果還有緣，相聚在明天。擎風內心的酸甜苦辣洶湧著，知道現實這道無法逾越的障礙使感情難再繼續。

當愛遠離擎風的時候，擎風卻又重新找到了自己，那曾經內心的苦痛只是暫時的，而那閃爍著的光明卻又重新在心的另一方點亮。

・品味自己的愛情

愛是無悔的，回望那每一份感情，都帶著朦朧的稚氣，如初升的朝陽，雖不火烈卻是清新、純潔、不染絲毫塵雜。愛曾給了你一份感到，一份快樂。不管結果如何，你都應該珍惜，勇敢地面向未來。

祝福

秋風吹過，吹落了樹葉，玉珠心中有著無數的惆悵，有著說不出的苦惱、憂傷……

同窗四載，雖然未單獨說過一句話，傳過一張紙條，但允楓卻早已嵌入玉珠的心底……

時隔三秋，他們偶然巧遇。允楓帶給了玉珠校園的氣息，玉珠送給了允楓工廠裡的隆隆機聲。他們在談話過程中發現兩人竟然十分投緣！

他們通信了；他們約會了。但兩人卻未說出那個燙人的字，未握過一次手……沈默開始折磨著玉珠！一年、二年、三年，玉珠被這沈默折磨得喘不過氣了，於是，她便和允楓分手了……

又隔了兩年，允楓回來了，帶來了一則動人的故事：有一個窮漢，他深愛著一位女孩，但他身無分文，不敢向心愛的人求婚……於是他去尋找他的「金礦」（學業和事業的成功），一年、二年……五年，他終於找到了「金礦」。當他滿載而歸時，心愛的女孩卻成了別人的新娘……允楓的故事，讓珠感動了好幾個晚上，又讓她苦惱了好幾個晚上，最後還是讓她懺悔了幾個晚上。玉珠感動，是因為自己過去並沒有看錯人；她苦惱，是因為這信號發錯了時光；她懺悔，是因為感情上自己第一次違背了忠實的丈夫……

寂靜的夜晚，丈夫酣然入睡，玉珠卻輾轉難眠……想到丈夫的溫和體貼，兒子的活潑可愛，家庭的幸福美滿……玉珠愧然，只有對允楓說：「你今天對我的愛並不能使我幸福，只會增加我的苦惱惆悵，只會給我的家庭帶來煩惱憂傷。趁著你還年輕，去尋找你的愛侶吧！當你為錯過太陽而流淚時，也許你就將錯過整個星辰了……」

・選在當下

不論人生路上有多少甜蜜，多少憂傷，我們都要去面對。昨天的感情即已過去，何必再耿耿於懷呢，看清腳下的路，今天的一切才是最重要的。

日子

很多年以前，雙雙正值豆蔻年華。在沒弄明白情和愛的學生時代，雙雙便和初戀撞了個滿懷。

時宇是全年級公認的浪子。喝酒、打牌、玩籃球，生活得放肆而得意。他那三步上籃板的風采，頗有流川楓的風格，不知迷倒了多少少女。雙雙和時宇是同鄉的，但忙碌的高中生活讓他們很難靜下心來，說說彼此心中的牽掛。學校裡，時宇只是把成堆的試卷習題往雙雙的桌上一堆，補上個感激的微笑，雙雙便毫無怨言地分門別類為他整理好。時宇從來不記課堂筆記，每次都是雙雙一式兩份地抄好給他看。而時宇的心事，苦惱憂傷，也只有雙雙與他分享。他們簡單而快樂地喜歡著對方。清晨時宇騎車帶雙雙上學，在白襯衫的下擺隨風飄動，那背影，像極了那些策馬飛馳的大俠。

時宇天生聰明，雖然我行我素，打架、逃學被老師罵，但功課卻總是驚人的優秀。這樣到高三，他收到大學的保送通知。

送時宇時，雙雙淚雨綿綿。看著火車載著時宇越駛越遠，雙雙想起，時宇說不再讓年邁的父母住平房；他要賺很多錢，買房、置業；卻唯獨沒有說過，要回來，娶她。

接下來的故事很自然。在大學學習期間，時宇邂逅了另一份愛情。那個女孩子熱情似火，他們愛得轟轟烈烈。

回來的同鄉捎回時宇的音訊。畢業時，時宇留校做了助教，爾後買房，置業，結婚，一切超乎意料的順利。有了家，時宇依然不羈，經常引得他的女學生為他朝思暮想，暗織情夢。

雙雙聽到了，為此憂傷並心疼著，時宇被那繁華世界迷惑了。

時宇曾經說過，他和雙雙是不在同一平面上的兩條線。

時宇說對了。雙雙戀愛，結婚，生子，生命的軌跡宛如湖面上劃過的一葉扁舟。丈夫平淡而真實，非常疼愛雙雙，和雙雙共築幸福的家庭。後來他們有了一個可愛的兒子，傍晚散步於花園，那份幸福啊，讓天邊的晚霞失去了顏色。

忽然有天，雙雙的手機上有了時宇的電話。丟開手裡的工作跑去赴約，果然是時宇，安逸的生活使時宇看上去胖了許多。時宇是來接父母去同住的。和雙雙坐在餐館臨窗的位子，窗外面目全非的建築令時宇詫異了好一陣，最後歎一聲，還好，你沒變。

誰說的？老了！

說起往事，他嗟歎，接著講家庭的不如意，最後說，我該回來娶妳的，現在我才知道，原來我有那麼多缺點和毛病，讀書的時候妳是怎麼忍下來的？

是嗎?我倒有些記不得了。

雙雙口是心非地說著,傷感地想,那悠遠而纏綿的淺藍色之戀,自己怎麼會忘呢?那段日子,無憂無慮,雲淡風清,每天都是美麗的風景。

孩子挺大了吧?宇問。

快兩歲了!我那八斤重的兒子險些要了我的命。你想不到吧,從前猴兒一樣清瘦的小姑娘,有朝一日也會做媽媽。

時宇呆呆地聽雙雙說著,餐桌角上放著一疊紙巾,他一張張拆開,一張張折成玫瑰花,小心翼翼地擺在了雙雙的面前。雙雙不忍,只輕輕地把頭轉向別處。

雙雙歎道:當一個人不能再擁有時,唯一能做的,只能是不要再忘記。

•那些昔日的珍藏

歲月,在流水的日子裡劃過,那些經意、不經意留下的痕跡都是永遠揮之不去的。懷念那些一起走過的日子,好好地珍藏吧。要知道,當一個人不能再擁有時,唯一能做的,只能是不要再忘記。

第六章

朋友之情

摯友就似顏色清淡的醇酒，若苦若甜的甘烈味道叫人割捨不下；
知己就像苦澀的咖啡加上攪拌後的奶香，
純天然的香濃滋味叫人回味無窮。
「朋友」一詞應這樣解釋：當幾乎所有人都離你而去時，
仍留在你身邊的那個幫助你的人。

真心朋友

在南非有個叫莫諾莫塔帕的王國，據說那裡的人交朋友比其他地方的人真心實意得多。其中就有兩個朋友，他們有福同享，有難同當。一天夜裡，人們早已進入了夢鄉，一個朋友突然從睡夢中驚醒，一骨碌從床上爬起來，徑直朝另一個朋友家跑去，把他家僕人叫醒。被吵醒的朋友非常驚慌，他穿起衣服，繫好錢袋，對朋友說：「半夜來訪一定是有急事找我，是不是賭錢輸光了？我這裡有錢你拿去。要是和別人吵架，我們一起去理論。我還有把利劍，如果需要你可以把它拿去。」

「不」，來訪的朋友回答說，「感謝你的關心，我既不要錢也不要武器，我只是在睡夢中看到你有些悲傷，我擔心你所以連夜趕過來。這就是我半夜來訪的原因。」

・朋友的定義

一個真心的朋友就是一份最珍貴的財產，「朋友」一詞應這樣解釋：當幾乎所有人都離你而去時，仍留在你身邊的那個幫助你的人。

至誠的友情

有兩個人十分要好，彼此不分你我。一日他們走進沙漠，飢渴威脅著他們的生命。上帝為了考驗他倆的友情，就對他們說：「前面的樹上有兩個蘋果，一大一小，誰吃了大的誰就能平安地走出沙漠。」兩個人聽了，就都執意讓對方吃那個大的，爭執到最後，誰也沒能說服誰，兩人都迷迷糊糊地睡著了。不知過了多長時間，其中一個突然醒來，卻發現他的朋友早向前走了。於是他急忙走到那棵樹下，發現兩個蘋果中只剩下了一個，摘下來一看很小很小。他頓時感到朋友欺騙了他，便懷著悲憤與失望的心情向前走去。突然，他發現朋友倒了，便毫不猶豫地跑了過去，小心地將朋友輕輕抱起。

這時他才發現：朋友手中緊緊地握著一個蘋果，而那個蘋果比他手中的小許多。

・患難見知己

人，只有在面對死亡、誘惑、困惑時才能真正把自己的精神品德表現得淋漓盡致。而，朋友，也只有在患難時才能知道對方是否真心相交。

唯一的朋友

哲學家艾爾瓦斯把兒子叫到身邊，問他：「孩子，告訴我，生活中有多少朋友？」

「我有一百個朋友。」兒子驕傲地回答說。

「無論做什麼，」艾爾瓦斯提醒他的兒子，「不要輕易把別人當朋友，除非你能證明他的確是你的朋友。我的年紀比你大得多，可是回顧我這一生，卻只找到了一個朋友。你說自己有一百個朋友，是不是太草率了一點？所以，去吧，我的兒子，去試試你的朋友們，看看他們當中是否有一個真朋友。」

「我怎麼才能做到這一點呢？」兒子問道。

艾爾瓦斯吩咐他的兒子，「你去殺一頭小牛，剁成碎塊放進麻袋裡，再把麻袋在血裡浸一浸。然後拿著它到你的一個朋友那兒，對他說：『親愛的朋友，幫幫我吧，我求你了！我剛剛殺了一個人！請幫我把他埋在你的院中吧，沒人會知道的！這樣，你就救了我一命。』」兒子聽從了父親的建議。他帶著麻袋去找一個朋友，請求他幫助。

朋友回答道：「快帶著屍體滾出去！隨便埋在別的什麼地方，自己承擔罪責吧。」

別為我家帶來晦氣！」

兒子又去見了第二個、第三個、直到最後一個——第一百個朋友，結果是每個人都把他趕走了。然後，他回來見父親，把發生的一切告訴了父親。

「這沒什麼可奇怪的，」他的父親安慰他，「在一個人成功時，他會有很多朋友，但當他陷入災難時，他們就像霧一樣消失得無影無蹤了。所以，我的兒子，按我吩咐的做，去找我剛才對你說過的我那個朋友，聽聽他會怎麼回答你。」

兒子去找他父親的朋友，請求他幫助。他父親的朋友回答說，「快進屋來，別讓鄰居們看見你。」他把妻兒們都打發了出去。只剩他們兩人時，他開始在院子裡挖坑穴。墳墓挖好了，哲學家艾爾瓦斯的兒子把麻袋裡真正的東西掏了出來。

「我來只是為了證明你是我父親的朋友，現在我明白了，你是一個真正的朋友。」他說道。兒子再一次回去見父親，並把那個朋友的仁慈之舉告訴了父親。

・真朋友

在一個人成功時，他會有很多朋友，但當他陷入災難時，他們會像霧一樣消失得無影無蹤了。

真正的朋友不是錦上添花，而是雪中送炭。

重修舊好

漢森與舊友之間的感情淡了下來，本來大家來往密切，卻為一樁誤會而心存芥蒂，由於自尊心作祟，他始終沒有打電話給朋友。

常言道：你把舊衣服扔掉，把舊家具丟掉，也就與舊朋友疏遠了。話雖如此，漢森仍覺得這段友誼似乎不應該就此不了了之。

有一天，漢森去看另一個老朋友，他是一個牧師，長期為人解決疑難問題。他們坐在他那間有上千本藏書的書房裡，海闊天空地從電腦談到貝多芬飽受折磨的一生。最後，他們談到友誼，談到今天的友誼是多麼脆弱。

「人與人之間的關係非常奧妙，」牧師朋友說，兩眼凝視窗外蔥蘢的山嶺，「有些歷久不衰，有些緣盡而散。」

牧師朋友又指著臨近的農場慢慢說道：「那裡本來是個大穀倉，就在那座紅色木框的房子旁邊，是一座原本相當大的建築物的地基。」

「那座建築物本來很堅固，大概是一八七〇年建造的。但是像這一帶的其他地方一樣，人們都去了中西部開發較肥沃的土地，這裡就荒蕪了。沒有人定期整理穀倉。屋頂要修補，也沒有人修，於是雨水沿著屋簷而下，滴進柱和樑內。」

「有一天刮大風，整座穀倉都被吹得顫動起來。開始時嘎嘎作響，像艘舊帆船的船骨似的，然後是一陣爆裂的聲音。最後是一聲震天的轟隆巨響，剎那間，它變成了一堆廢墟。」

「風暴過後，我走下去一看，那些美麗的舊椽木仍然非常結實。我問那裡的主人是怎麼一回事。主人說大概是雨水滲進連接榫頭的木釘孔裡，木釘腐爛了，就無法把巨梁連起來。」

漢森凝視山下，穀倉只剩下原是地窖的洞和圍著它的紫丁香花叢。

牧師朋友接著說：「後來細細地思考這件事，終於悟出了一個道理：不論你多麼堅強，多有成就，仍然要靠你和別人的關係，才能夠保持你的重要性。」

「你擁有健全的生命，既能為別人服務，又能發揮你的潛力，無論你有多大力量，都要靠與別人互相扶持，才能持久，自行其道只會垮下來。」

「友情是需要照顧的，」牧師朋友又說，「像穀倉的頂一樣。想寫而沒有寫的信，想說而沒有說的感謝，沒有和解的爭執，這些都像是滲進木釘裡的雨水，削弱了木梁之間的聯繫。」

牧師朋友搖搖頭不無深情地說：「這座本來是好好的穀倉，只需花很少功夫就能修好。而現在也許永不會重建了。」

黃昏的時候，漢森準備告辭。

「你不想借用我的電話嗎？」牧師朋友問。

「當然，」漢森說，「我正想開口。」漢森撥通了舊友的電話。

・友情需要放下面子

友情是需要相互理解，相互照顧的，想寫而沒有寫的信，想說而沒有說的感謝，沒有和解的爭執，這些都是友情的致命傷。

不論你多麼堅強，多麼有成就，都需要他人的理解和支援，所以用心去經營你的友情吧。

至真之情

從前，有兩個年輕的商人，一個住在埃及，另一個住在巴比倫。他們從來就沒有見過面，但是，卻從旅行者的口中聽說過彼此，也曾透過信使互送禮品。

一次，巴比倫的商人跟著一支商隊去了埃及。當埃及的商人聽說他的朋友到來的消息，急急忙忙地出來迎接。他熱烈地擁抱著自己的朋友，並把他帶回了家。

住到第八天，巴比倫商人生病了。他的朋友非常焦慮，請了埃及最著名的醫生來診治。他們仔仔細細地檢查了病人，卻沒有發現任何病狀。於是，他們猜測他大概是得了相思病。

「告訴我，你愛的是誰？」埃及商人問道。

「把你家中所有的女子都叫過來，我會告訴你哪個是我愛慕的人。」埃及商人叫來了家中所有的女傭，但病人卻說，「不，她不在裡面。」

然後，埃及商人帶來了一個年輕姑娘。她是埃及商人養大的一個孤兒，埃及商人準備和她結婚，因為他還沒有妻子。當病人見到她時，他驚叫到，「看呀！就是這位姑娘，我的生死就握在她的手中。」

當埃及商人聽到這些，他對自己的朋友說，「把她帶走吧，她也許能成為你的好妻子。」於是他還給了新娘一份豐厚的嫁妝和許多禮物。巴比倫商人的病很快就康復了，他帶著新娘回到了巴比倫。

幾年之後，由於命運的捉弄，埃及商人失去了所有的財產，變得一貧如洗。絕望之中他想起了自己的朋友，他對自己說，「我要去巴比倫找我的朋友，他肯定會幫助我的。」

經過了漫長的跋涉，埃及商人終於來到了巴比倫。他衣衫襤褸，靴子也破破爛爛，雙腳又酸又痛。一想到他的朋友可能認不出他來，而傭人們也許會把他當成一個可憐的乞丐趕走，他就不禁害怕得發抖。

在市郊一座廢棄的破房子裡，他度過了第一個夜晚。他向街上望去，看見兩個人在爭吵，其中一個拔出刀子，把另一個刺死後逃跑了。附近很快聚起了一大群人，開始追趕兇手。當他們追到破房子裡時，發現了埃及商人。

「你知道是誰殺死了那個人嗎？」他們問他。

現在，埃及商人對生活絕望了，相比之下，死亡倒好像更為甜蜜一些。於是，他叫道：

「我就是兇手。」

於是，他們帶走了他，把他囚禁在地牢裡。第二天早晨，法官判了他絞刑。

城裡所有的居民都來圍觀。就在他們當中，他的朋友，那個巴比倫商人，認出了他。

「你們要吊死的是一個無辜的人！」他向法官喊道，「他不是兇手，我才是！」

於是，法官命令放了陌生的異鄉人，而把巴比倫商人吊上了絞架。

在圍觀的人群中站著真正的兇手。這對朋友的真情深深打動了他。

他想，「如果讓一個無辜的人為了我所犯的罪行而死，我一定會在地獄中受到可怕的懲罰。」

於是，他也對法官喊道，「放了他。他和他的朋友都不是兇手。」

・朋友是在你危難時站出來的那一個

有人說，如果在你危難之時不落井下石的人就已經很夠朋友了，可是事實上這是對朋友一詞的歪曲和誤解，真正的朋友應該是在你危難時挺身而出，與你並肩作戰的人。

金錢和朋友

一個富人有十個兒子。當他快要死去時，他鄭重地向他們宣告，他有一千個金幣，他會分給他們每人一百個金幣。

然而，隨著時間推移，他失去了一部分錢，只留下九百五十個金幣了。他給了上面的九個兒子每人一百個金幣，對最小的兒子說：「我只有五十個金幣了。其中，我還得拿出三十個來作為喪葬費。因此我只能給你二十個金幣。但是我有十個朋友，我把他們告訴給你，他們要勝過一千個金幣。」

富人把最小的兒子托給了他的朋友們。

不久以後，他就死了。

富人的九個兒子各自走了，最小的兒子慢慢地花著父親留給他的那些錢。當他只有最後一個金幣時，他決定用它來招待父親的十個朋友。

他和他們一塊兒吃了喝了，父親的朋友們互相說道：「所有弟兄中他是唯一仍然關心我們的一個，他這麼好心好意，我們也應該有所報答。」

於是，他們每個人給了富人的小兒子一頭懷孕的母牛和一些錢。小兒子用這些牛和錢辦起了養牛廠，牛奶廠，後來又辦起了錢莊。上天賜福，他變得比他的父親當年更富有。

於是小兒子說：「確實，我父親說得對，朋友比世界上所有的錢都更有價值。」

・真正的朋友總會在你需要時及時地伸出雙手

朋友使一個人在困難時，不會感到無助。金錢只能使人過上一時的幸福生活，卻很難買到真正的朋友。

友情前後

丹送別好友歸來，心竟有些隱隱地痛，像是失去珍藏多年的寶物，她禁不住淚水悄悄地流下來。好友擁在進站口向丹回頭的那一刻，丹突然明白，她們的友情從此斷了。

丹和好友是透過各自的丈夫介紹認識的。各自的先生是同學，而她們是什麼呢？到最後也沒有想出來。好友和丹一樣，是那種聰明得近乎精靈、浪漫得有些誇張、大膽得近乎瘋狂、有時又細膩得有點脆弱的女人。兩人湊到一起，渾身不安分的因素得到充分調動，異想天開地做盡了傻事，笑聲像樹上的果子在她倆惡意的搖晃下嘩嘩落地。可是好景不長，好友追隨丈夫去了新加坡。

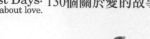

一年年初，好友從回老家的火車上給丹打來電話，已略顯走調的聲音讓丹還是清晰地分辨出她的急切與渴望。丹欣喜、興奮，以為友情還會像從前一樣。可丹漸漸發覺，友情難再了。貼近赤道的日光把好友的皮膚炙烤得像馬來人種一般黑，她張口稱丹為「中國人」，而自稱為「華人」，中文裡不時地夾雜著英文，好友的女兒說什麼也不肯上外婆家的洗手間。

好友說在外面被一種親情友情牽絆，折磨得無可奈何，但回到家一看，四處都令人失望。城市還是從前的舊模樣。外面的報上常說中國的經濟發展如何如何，怎麼就自己的家鄉沒什麼改變呢？

聽了好友的這番話，丹也頓生理解，就像自己回到鄉下，已不習慣為做熟一頓飯被柴草的灰煙熏得涕淚皆流一樣，用慣了一排排微波爐的好友已不習慣煤氣。丹知道，一份友情，是抵擋不住人對寬鬆和優越的生存環境的追求。丹理解好友。

丹想起新年的時候，丈夫從花店買回一盆含苞待放的鬱金香，那絲絨般質地的大紅竟讓自己疑心是假的。輕手輕腳上去觸摸，頓時，一種肉的質感、生的氣流穿透皮膚，直至心間。此後，她每日精心照料，直到它們盅型的花蕾綻放如盛蜜的小碗。看著它們漸漸敗落、枯萎時，丹暗自神傷。心想，如果是假花多好，可以經久不衰地享受它們美麗的容顏。可轉念又一想，如真是假花，自己還會如此有熱心、愛心和耐心嗎？一段真摯的友情就像鮮花一樣，需要用心靈去呵護，用時間去滋養，用真誠去灌溉。

・友情如鮮花

友情如鮮花，需要用心去呵護，用真誠去澆灌。

誤解

朋友邀請多斯參加他的銀婚紀念慶祝會，多斯因行動不便而推辭了。可是，住在他樓上的娜娜和傑克卻堅持送他去。幾天後，多斯的「隨身聽」壞了，娜娜的兒子費利爾替他修好了。多斯十分感激，於是送給他們一盒巧克力，附帶一張感謝卡。娜娜隨即捧著那盒巧克力來到多斯家門前說，「請你把巧克力拿回去。」

多斯解釋說我只是想送你們一些東西，聊表謝意而已。

「你根本就不用謝我們，」她說，「我們是朋友啊！」雖然多斯說服了她把巧克力收下，但娜娜顯然不大高興。多斯有點不明白，也有點傷心，為什麼他們不大方地接受自己的禮物呢？後來多斯才漸漸明白：娜娜以為多斯送禮物是為了還人情債，把她一家人義助朋友的行為貶低了。但是多斯呢？他倒只是想回贈他們一些東西而已。

・樂於接受

誰都有年邁的時候，年輕時多做些善事，多幫助些需要幫助的人，當自己年老多病時，自然就會得到他人的回報與照料。

勇於信人

紐約州西米監獄前監獄長的太太凱瑟琳，差不多每天都到監獄裡去。犯人活動的時候，她的孩子也和他們一起玩。人家叫她提防，她說她並不擔心。

她去世的時候，消息立即傳遍了監獄，因為她對犯人的這種信任，犯人都聚集在大門口表示哀悼。現任的監獄長看見那些犯人默默不語難過的樣子，便把獄門打開讓他們去憑弔。從早到晚，這些人排隊到停放遺體的地方去行禮。他們的周圍並無牆壁，但是，犯人沒有一個辜負獄方的好意，他們都回到了監獄裡。這是犯人對這位太太表示的敬愛，因為她在世時曾經信任他們。

人與人相處得融洽，全靠信任。

・信任是基礎

信任是人與人之間交流和溝通的基礎。美國哲學家和詩人愛默生說：「你信任人，人才對你忠實。以偉人的風度待人，人才表現出偉人的風度。」

君子之交

唐朝薛仁貴，龍門縣人氏。父母早喪，家境貧寒，自己只好靠到處打工謀生。因為他的食量過人，許多富戶人家都不敢留他長住。

薛仁貴力大無窮，練就一身好武藝。有一天，聽朋友說朝廷派武官在龍門縣設台招兵，薛仁貴便去投軍。入伍後，他在跟隨唐王李世民討伐高麗的征戰中，曾上疏《平遼論》、巧擺龍門陣、長安救主、智勝高麗國，屢建奇功。

李世民班師回朝後，封薛仁貴為平遼王。當時，朝廷上下為了巴結新貴，前來送禮慶賀者絡繹不絕，薛仁貴一概謝絕，唯獨收下了普通百姓王茂生的「美酒」兩罈，並令左右當眾啟封，不多一會，忽聽執事高聲叫道：「稟王爺，罈中不是酒，都是水。像此等戲弄王爺之人，請令降罪！」豈料薛仁貴並沒有生氣，只見他走上前去，當眾連飲清水三大碗。文武百官不解其意，只是暗笑不已。

原來，薛仁貴在落難之時，曾與妻子在破窯中落腳，衣食無著，全虧王茂生夫婦接濟。薛仁貴飲了三大碗清水後說道：「我能當官全虧王茂生兄弟資助，我如今好酒不沾，偏要喝王兄的清水，這叫『君子之交淡如水，忘恩負義是小人』。」此時，文武百官無不點頭稱讚。

從此，「君子之交淡如水」一直傳為美談。

・君子之交

古語云，君子之交淡如水。在現代這忙忙碌碌的社會中，誰又能有幸知遇那份君子之間淡如水的真情呢！

鐵鍋與沙鍋

鐵鍋建議沙鍋與它結伴旅行，沙鍋委婉地說，「我最好還是待在爐火旁」，因為對它來講，哪怕只是稍碰撞都就將粉身碎骨，變成碎片一堆。

「與你比，」沙鍋說，「你要比我硬朗，沒有什麼可以使你受損。」

「我可以保護你，」鐵鍋說，「假如有什麼硬東西要碰撞你，我會將你們隔開，使你安然無恙。」

沙鍋終於被鐵鍋說服了，就與鐵鍋結伴上了路。當鐵鍋與砂鍋行走在路上時，每每有些許地碰撞，兩口鍋就會撞在了一起。

沙鍋難受死了，走不到百步，還沒來得及抱怨，就已被它的保護者鐵鍋撞成了一堆碎片。

・謹慎取友

有人說，擇友不慎等於自殺，朋友除了要與自己趣味相投外，還要記住：「勿交惡友，不與賤人為伍；須交善友，應與上士為伍。」

失去

一位輕率魯莽的青年，繼承了一大筆遺產，在幾個酒肉朋友的慫恿下，今日請客，明日送禮，不久便把遺產揮霍一空，變成了一個一文不名的窮光蛋。而最使他不堪忍受的是當他有求於那些朋友們的時候，他們紛紛悄然離去。

青年無法，便去請教一位智者：「我為朋友花光了所有的錢，也失去了所有的朋友，往後的日子該怎麼過活啊？」

智者說：「不必憂愁，事情總會好起來的，忍耐吧，幸福就會回到你的身邊。」

青年興奮地說：「你是說我會重新發財嗎？」

智者說：「不，不，不是這個意思，我是說你會習慣這種無錢無友的生活。」

・不能用物質去維持一段感情

花錢買來的友情是最不真實、最不可靠的。

夕陽下的玫瑰

敏敏初來北方這個炎熱的城市，從小習慣了清爽氣候的她，對這種酷熱表現出了極大的煩躁。那些最初對這個城市抱有的嚮往與所有的神祕，在炎炎烈日中幾乎消失殆盡。於是，敏敏便常想起自己居住的小城，那美麗的浪花，那柔軟的沙灘，還有公園裡盛開著的火紅的玫瑰。不知從哪天起，敏敏迷上了離家不遠的一座公園。公園門外有許多賣鮮花的，以玫瑰居多，整整齊齊地分排在公園的兩側，輕風一吹，陣陣芳香撲面而來，思家思鄉的心情也彷彿飄走了大半，尤其是夕陽西下的玫瑰，嬌嫩、嫵媚，像一位多情而含羞的少女，正等待著一次美麗的赴約。敏敏每天都是帶著說不清的心情，一個人在公園的門前閒逛，那些賣花的人給這裡增加了一道美麗的風景。

「小姐，買花嗎？」一聲不太標準且帶著稚氣的聲音，很甜，如一條山中的清泉緩緩而來。那是一個十七八歲的小女孩，一雙眼睛帶著某種渴望地看著敏敏，那簡單而樸素的裝束中，還帶著一點土氣，但絕不討厭，有一種令人回味的美。

「這花多好看啊，買一束送給男友吧！」女孩再次對敏敏說。

敏敏對她無奈而又抱歉地笑了笑。鮮花固然美麗，可是在這個遠離家鄉自己還不太熟悉的都市裡，又能送給誰呢？這樣美麗的鮮花，敏敏實在不願獨自一人享受。

「小姐，送給你，祝你快樂！」出乎意料的，小女孩竟然捧起一束玫瑰遞給了敏敏，那眼光中滿是真誠、理解、希望……

敏敏片刻不能語，幾乎是顫抖著手接過花來，用力地放在鼻前吮吸著芳香，有生以來，這是第一次接到一個素不相識的女孩送給自己的花，而且是這麼美麗的玫瑰。

敏敏和小女孩有了一次簡單的談話，原來小女孩的家鄉遭了水災，所以她才來到了這個城市的。她說她渴望一種安寧的生活，說到這些時，小女孩的神情變得憂鬱起來。敏敏試圖付給小女孩錢，但她卻說什麼都不肯收，她說只希望這些花兒能帶給敏敏一些幸福和快樂的感覺。那是敏敏記憶中最美的一束玫瑰，它一直在敏敏的記憶深處放射著光輝與芳香。

・讓你的鮮花帶給你身邊的人們快樂

像小女孩一樣能送給一個陌生人一束玫瑰花的人，是真真實實存在於我們日常生活中的！雖然這只是一個動作和一束簡單的鮮花，可是大家都明白，這情義絕不僅僅是一束花所能代表的。

不要吝嗇於你的愛和給予，讓你的鮮花也帶給你身邊的人們快樂吧，相信你也可以從他們的微笑與快樂中得到更多的快樂與滿足。

對陌生人的關愛

一個農民住在一個小茅屋裡。一天晚上，差不多是午夜，雨下得很大，農民與他的太太都已睡下了。突然間，有人在敲門。

農民對他太太說：「有不知名的朋友在外面等，請把門打開。」他太太說：「親愛的，我們的茅屋很小，甚至不夠我們倆用，怎麼能多一個人進來？」

農民回答：「如果在你心裡有足夠的空間，你會覺得這個茅屋是座皇宮，但是如果你的心是狹窄的，即使是皇宮也會覺得小。現在，我們兩個人都躺著，如果有三個人，我們無法躺下，但至少三個人可以坐著。」

‧感念陌生人

世界之所以會美好，那是因為總有一些人用他最善良的心去面對他的朋友、情人及陌生人，這份愛會因為感動而傳遞下去，使更多的人因善意而變得善良。

一壺水

五個探險隊員在叢林裏迷了路。他們只有一壺水。每個人都疲憊不堪，困乏和飢餓他們都不怕，關鍵是沒有水。休息時隊長把水壺往下一遞，說：「每人一小口。」一圈轉完，水壺仍滿滿的。隊長說：「怎麼沒人喝？」大家眾口應道：「喝了。」

第二天，隊長仍把水壺往下一遞，沒說話。一圈轉完，水壺還是滿滿的。隊長說：「大家喝啊！」隊員們舔舔乾裂的嘴唇，仍然齊聲應道：「喝了。」

第三天，隊長拔出塞子把水壺就口一飲，又遞了下去。一圈轉完，水壺仍是滿滿的。隊長說：「大家怎麼都沒喝咧？」大家嚥了一口唾沫，齊聲說：「真的喝了。」

第四天，隊長把水壺往下一遞，說：「你們都原地別動，我去探探路。」隊長一搖一晃地抓著樹幹向外走。晚上回來水壺仍然是滿的。隊長下命令：「每人一口，都得喝！」隊員們靠在樹幹上，聲音空洞地說：「我們還能再忍耐一下。」

第五天，隊長又出去了，卻再沒有回來……第十天，救援部隊發現了奄奄一息的隊員，他們眼眶深陷，嘴唇焦裂，昏迷不醒……顯然是重度脫水。奇怪的是他們中間卻放著滿滿的一壺水。後來，救援部隊又發現了一具更嚇人的屍體，皮膚烏黑，身體已縮成一團，裹著寬大的衣服……醒來的隊員們撲在他身上放聲痛哭……

若干年後，一個年輕醫生聽到這個傳奇故事，他對自己的指導老師說：「這一定是個誇大的故事。從科學分析來看：人體只要缺水，一兩天就會出現水電解質紊亂；缺水三四天就出現內臟功能衰竭，絕對不可能支撐十天而不死！」

「不！」老醫生肯定地說，「那只是理論上的科學，還有現實中的科學。人體內本來就有著未被開發的潛能，當人把生死置之度外，心理上沒有負荷而生理上又本能地維護生命的存在時，這種潛能就被激發出來，把人體中相對不重要的地方的養分、水分供應到最重要的臟器中，使生命得以最大限度的維持。」

「他們寧願吃樹葉，也不喝水，想把生命的希望留給別人。」老醫生沈重地說。

「您怎麼知道？」年輕醫生正要問，他驚異地發現老醫生的眼裏閃動著淚花……

又過了幾年，老醫生走了。在追悼會上，年輕醫生才知道老醫生就是那次奇蹟的創造者之一。每年清明節，年輕醫生都要帶著孩子去看望那位老醫生。他的孩子也和他一樣愛惜每一粒糧食，每一滴水。

・將希望留給別人

把生存的機會留給別人，有時，也是給了自己一個生存下去的機會。人的潛能是巨大的，充分發揮出你的潛能，創造出你的輝煌事業。

第七章

愛的滋味

在忙碌的都市中，人們更習慣穿梭於冷漠之間，
友情有時也變得功利，愛情更是盲目，
這其中的各種滋味，無論它是甜、是苦，都值得細細品嘗。

國王的花園

從前有一個國王，他的國家不僅大而且還很強盛。他得到了一個美若天仙的女子，就收為王妃，兩人相親相愛，琴瑟相和。然而好景不長，天奪人愛，他的寵妃得了絕症，連全國最好的醫生也束手無策，最終寵妃還是香消玉殞了。

悲痛欲絕的國王為愛妃舉行了盛大的葬禮，用所能找到的最好的木材，讓最好的工匠為愛妃做了棺槨。

為了能日日見到愛妃，國王下令把棺槨停放在王宮旁的大殿裡。有一段時間國王天天來此陪伴愛妃，回憶過去的美好時光。日子久了，國王覺得這靈殿周圍的景色太單調貧乏，不配愛妃的容顏，於是下令在周圍修建花園，從全國各地搜尋奇花異草。花園建成後，覺得還缺些什麼，就又引恒河水來建了一個美妙的人工湖。湖建成後，又修造亭臺樓閣，後來又請來一流的雕刻師製作精美的雕塑……

國王總不滿意這個園林，一直不斷地擴充和完善。一直到國王暮年，他還在苦苦思索怎樣讓這座絕世園林建得更加完美。有一天，他的目光落在愛妃的棺槨上，覺得它停在這樣的園子中根本不協調，就揮了揮手說：「把它搬出去吧！」

・不要捨本逐末

組建家庭是為了能與心愛的人在一起好好地生活，可是許多人總是當家庭中的硬體越來越高級時，感情軟體卻愈來愈淡漠，最終不知不覺地忘了自己建立家庭的原因了。

吃蘋果的方法

一對小夫妻常為吃蘋果發生口角。女的怕蘋果皮上沾了農藥有毒，一定要把果皮削掉，而男的則認為果皮有營養，把皮削掉太可惜。常吃蘋果，也就常吵。最後他們竟吵到了他倆的老師家去斷是非。老師對女的說：「你先生這麼多年都吃未削皮的蘋果，還好好的並沒有死，你還擔心什麼呢？」

老師又對男的說：「你太太不吃蘋果皮，你嫌她浪費，那你就把她削的蘋果皮拿去吃了，不就沒有事了！」

最後老師說，由於不同的家庭環境以及不同成長過程的影響，每個人的生活習慣會有所不同，不要勉強別人來認同自己的習慣，同時，也要體諒、寬容別人的習慣。

・愛的寬容

凡是和睦幸福的夫妻，一定懂得吃蘋果的方法。體諒、寬容是非常重要的。

家務事為什麼難斷？就是因為許多生活小事本就無對錯，需要的只是一點寬容和體諒。

愛就在碗裡

筱芬和宗憲是在煤礦上認識的，他是她父親的徒弟。筱芬年輕美麗，宗憲敦實憨厚，剛好她就喜歡憨厚的男生，兩個人沒多久就開始交往，很像人們說的那種「天賜良緣」。有兩年的時間，宗憲和筱芬「男主外，女主內」，小日子過得有滋有味。後來，她心疼他整日在礦井下作業的辛勞，於是便要宗憲去報考煤礦學院，他很爭氣地考上了。從此，小兩口的生活擔子全壓在筱芬一個人的身上，其中辛苦可想而知，但是她覺得臉上有光，苦一點沒有關係。

最苦的時候，他們倆的飯桌上除了兩個饅頭，只有一碗清淡的菠菜湯，她說：「你喝。」他說：「妳喝。」讓來讓去，大半碗的菠菜湯還是讓他喝了。他每次喝完跟她說一句「好喝」，她從不化妝的臉上便有幸福的光芒綻放開來。

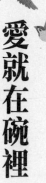

筱芬苦苦撐了三年，宗憲如期畢業了，筱芬想很快就要苦盡甘來了。宗憲是一個很有進取心的男人，先是做了礦上的技術員，接著做礦長，這段日子，他讓她過得很舒適。後來，宗憲很快做了礦業局的局長，應酬多了，身邊的女人也多了，開始回到家裡怎麼看筱芬都覺得不順眼了。

女人是敏感的，筱芬覺察到了，但是她是一個不善於言表的女性。終於有一天，宗憲看上了另外一個女人，回家跟她說：「我們離婚吧。」她愣了一下，眼淚湧出了眼眶，但她強忍著沒讓它落下來，因為她知道有一些事要發生攔是攔不住的。

她對他點了一下頭說：「我同意離婚，但是在離婚之前，我想再給你做一碗菠菜湯。」他沒反對，所以菠菜湯很快被她做好端了上來，像從前一樣她和他在飯桌前對坐著，她說「喝吧」。他拿起勺子喝了第一口菠菜湯，很清淡的感覺，他莫名其妙地就想起了從前他們相依為命的那些日子。

她說「多喝點」，他已經喝下半碗菠菜湯了，很熟悉的感覺，就像他一直記得她掌心裡的痣在哪裡般熟悉。她說：「快喝，涼了就不好喝了。」

他碗裡的菠菜湯只剩下一勺了，很難捨的感覺，他忽然覺得她就是自己的菠菜湯，不比山珍海味，但是它含多種維生素，含著當初的艱辛與鼓勵。

當他喝下最後一勺菠菜湯時，眼裡流下了淚水。她知道，她留住了自己的男人。

•愛要比怨有用得多

一張桌子，半臂的距離，愛就在碗裡。

當愛在婚姻生活中變得不再新鮮時，多一點愛和理解給對方，不一定能挽回一段疲憊的情感，但至少可以讓自己保持尊嚴和對愛的嚮往。

依然幸福浪漫

聽很多人說，結婚是枷鎖，失去了自由不說，一切興趣、愛好都會隨著時間的流逝慢慢消失，連好朋友之間也沒有以往那麼親密了。可是，當英華終於走上了她人生的第二旅程時，卻感覺生活比從前更浪漫、更充實、更富有情趣了。

在英華的朋友中，那些沒有結婚的總愛圍著她，要她跟她們講婚後的生活與感受，她們還喜歡到英華的家中去做客。到她家便會有一種新感覺，可以看出她與丈夫是真真實實地過生活的人。

英華說：「結婚並不是把人束縛得那樣緊，關鍵是在於婚後怎樣去創造生活、調節生活。」

英華很珍惜生命中所走的每一步，既然與所愛的人共同走在一起，便決心一定要把生活點綴得色彩斑斕。婚後，他們沒有馬上要孩子，閒暇時間仍然堅持學習。由於他們住在郊區，每天看到鄰居家的小孩在外面亂跑亂鬧，曾從事過教育工作的英華，立刻有一種想法，與丈夫一起商量後，利用每晚閒暇時間，在家裡辦起了兒童英語學習班。這樣，他們白天沒有耽誤工作，下班回家一個做飯，一個教課，生活過得既緊張又充實，而且覺得自己所做的事也很有意義。

當他們漸漸有了積蓄的時候，英華買了一架電子琴，每天清晨，便坐到琴前，全身心充滿激情地去彈奏貝多芬的《獻給愛麗絲》，用小提琴音色彈奏《梁山伯與祝英台》、彈奏自己喜歡的《水手》、《在水一方》等一些通俗歌曲。

總之，無論心情怎樣，都會有一些與之相應的樂曲，這讓英感受著生活的充實與快樂。

・用心去生活

活著就要追求，追求完美，追求事業，追求值得追求的一切。

不要一味地抱怨，要知道，沒有不能改變的境況，只有不肯追求的心。

解決問題

一個年輕人抱怨妻子近來變得憂鬱、沮喪，常為一些雞毛蒜皮的事對他嚷嚷，並開始罵孩子，這都是以前不曾發生的。他無可奈何，開始找藉口躲在辦公室，不想回家。

一位經驗豐富的同事問他最近是否和妻子爭吵過。

年輕人回答說，為了裝潢房間發生過爭吵。他說：「我愛好藝術，遠比妻子更懂得色彩，我們為了每個房間的顏色大吵了一場，特別是臥室的顏色。我想漆這種顏色，她卻想漆另一種顏色，我不肯讓步，因為她對顏色的判斷能力不強。」

同事問：「如果她把你辦公室重新佈置一遍，並且說原來的佈置不好，你會怎麼想呢？」「我絕不能容忍這樣的事。」年輕人答道。

於是同事解釋道：「你的辦公室是你的權力範圍，而家庭及家裡的東西則是你妻子的權力範圍。如果按照你的想法去佈置『她的』廚房，那她就會有你剛才的感覺，好像受到侵犯似的。當然，在房間佈置問題上，最好雙方能意見一致，但是，如果要商量，妻子應該有否決權。」

年輕人恍然大悟，回家對妻子說：「妳喜歡怎麼佈置房間就怎麼佈置吧，這是妳的權力，隨妳的便吧！」

妻子大為吃驚，幾乎不相信。年輕人解釋說是一個同事開導了他，他現在知道了自己的不對。

妻子非常感動，後來兩人言歸於好。

・給予彼此足夠的空間

在兩個人的世界中，很難再保持兩個人之間的習慣距離，然而，在兩個人的相處中，只有彼此給予了足夠的空間才能讓愛有呼吸的空間。

遺失的戒指

她站在河堤上，不時伸出左手，看著無名指上的那只戒指。戴了十五年的白金戒指，已經不是結婚時剛戴上去的那種樣子。十五年安安定定的生活，使得那戒指周圍的肉鼓脹出來，戒指嵌於其內。

她心裡七上八下，好像在做著見不得人的勾當。一邊在堤上慢慢地走，一邊轉動著戒指。終於，她澀澀地強拉下了那只銀灰色緊箍咒似的戒指，咬了咬牙，心一橫，竟感覺眼睛裡有些兒濕熱。

戒指落水的聲音，還沒有她心跳的聲音大。她想：「或許有一天有人在這裡釣魚會釣起那個戒指……會把那戒指又歡天喜地送給他所愛的人……會是一則美麗的傳奇……」想著想著，她心裡平靜下來，惘惘然走下堤岸，朝回家的路上走去。

夜裡，她跟丈夫鑽進被褥，摟著丈夫溫柔地說道：

「再給我買只結婚戒指，好不好？」

黑暗裡，丈夫摸到她左手的無名指上：「掉了？怎麼會呢？明天在屋裡好好找找，說不定就在床底下。」

「我已經找了一整天了。真的掉了。」

沈默半天，她說：「如果你肯戒菸，我向別人借一些，就可以再買一個結婚戒指。」

「戒菸事小，答應老大分期付款的電子琴呢，都拖了好久。」

「不行，你一定要再給我買只結婚戒指。」

「有沒有結婚戒指有什麼關係，反正婚都結了十幾年。」

「有關係的，有關係的。」她著急得都要生氣了。

又沈默了一陣子，丈夫忽然說：「告訴我，妳是不是外頭欠了賭債還是……？」

啪噠一聲，她扭亮了床頭小燈。

丈夫看見她臉上竟淌著淚水，慌忙道：「我並不是在乎錢，我只是不要妳一個人吃著暗苦。這幾天妳心神不寧……」

她伸手抹臉，分外覺得左手缺著戒指的地方現著一道白痕。

她說：「前幾天，我陪李太太去算命。我也順便算了算。算命先生說我們倆是不能久合的命。前年沒相剋，今年必定會離婚。」

「胡說八道。」丈夫說。

「我也是不願意相信。可是，近來你越來越少回家吃飯。我想，就是不信也還是要做最壞的打算。」她動情地望著丈夫，繼續說：「我天天這樣想，要是這輩子跟你離了婚，下輩子，我下輩子，還要跟你結婚。」

丈夫感動得眼裡泛出淚水。

她覺得淒涼又覺得欣慰，幽幽地說道：「我終於想出了一個好辦法。我要和你結兩次婚。」

啪噠一聲，丈夫扭熄了檯燈。

黑暗裡，丈夫茫茫然問道：「結婚戒指到哪兒去了？」

她笑起來：「等你學會了釣魚，才告訴你。」

・婚姻中不可避免的迷惘

其實平平淡淡也是一種幸福，一種真實的幸福。

珍珠變成魚眼珠

那天，浩浩蕩蕩的一群人到她家來提親。

其實，早就講好的，可是不知怎的，沒有太多的欣喜，也沒有太大的驚恐，只有不得不面對的悲淒，還有一點想落淚的情緒，彷彿是壯士斷腕般犧牲的樣子。

當晚，在房裡毫無目的地收拾，想到日期一旦定下來，那告別單身就不再是個口號了。拿起鍾愛的《紅樓夢》，隨意翻了幾頁，夾頁的書箋和壓花紛紛落下，像是一種告別紅顏青春的儀式。

忽然被寶玉的一段話給吸引住了：水靈靈的女孩兒，生來就是一顆晶瑩剔透的珍珠，不知怎地，一旦結了婚，沾染了男子的濁氣，就變成一顆污濁不堪的死魚眼珠了。

她想打電話給他，告訴他自己的想法，這時他的電話來了。他用一種出乎她意料的開朗語調回答：「小傻瓜！你想想看，寶玉說的那些死魚眼珠，是因為她們沒有遇到好老公，而妳遇到了我耶！我那麼地愛妳，只會讓妳這顆珍珠顯得更加璀璨明亮，怎麼可能有機會讓妳變成死魚眼珠呢？」

結果他這一席話就把她說服了，她棄甲投降，兩個月後跟他步上結婚禮堂。

結婚六個月後，她懷孕了。由於害喜非常嚴重，她每天披頭散髮，一臉慵懶疲憊，穿著睡衣在家中休息。有一次照鏡子，才赫然發覺她真的成了十足的死魚眼珠了，一頭焦黃的散發，因缺水而破皮的雙唇，過多睡眠而有些浮腫的雙眼。啊！她不禁坐在地上為自己悲慘的現狀哭泣，她竟然成了寶玉口中的死魚眼珠了！

一直到他下班回來，問明瞭原委說：「呀！小傻瓜，你現在不是珍珠也不是死魚眼珠了。」

「那我是什麼？」

「一隻大母蚌！一隻孕育我們的小珍珠的大母蚌！」她想她是隻快樂的大母蚌。

・愛的另一種語言

婚姻是一種現實的美麗，真正有心的人才能將婚姻中的瑣碎與重複變得新鮮有趣，然而也只有心中有愛的人才能將慢慢褪色的愛情化作縷縷情思纏繞在相愛的夫妻之間。

香水愛戀

她和先生的情緣是香水牽的線，可以說她與先生的婚姻是香水之「緣」。

那是讀大三時一個周末的下午，宿舍的朋友們全都逛街去了，閒極無聊的她把玩著一支粉紅色的矩形香水瓶，忽然間突發奇想，她何不趁此閒暇，關起門來做一陣她嚮往已久的「香水秀」呢？

她開始翻箱倒櫃尋找從前逛街時因喜歡而購買的幾匹布料，尋尋覓覓中，選定了一塊白色的緞面絲綢，它有著很好的手感和質感，白底上印著隱約可現的暗花。布料選定後，她別出心裁地往身上一披，頸上一圍，頸後用晾衣夾固定住，一個半高的旗袍領就出現了，然後在腕上、耳後、裙裾間噴了一些香水，霎時，屋內如落了一場玫瑰色的花雨，整個屋子頓時變成了芬芳的海洋。在這片芬芳的海洋裡，她站在鏡子前，身披高貴而精致的無袖白色暗花「旗袍」，自得其樂地在屋子裡走起了「台步」。

正得意間，虛掩的宿舍門被一個愣頭小子推開了，剛要開口說話的他被她的這身打扮驚得目瞪口呆。他兩眼發光地盯著她看了幾秒鐘後，說：「哇，真是太酷了，想不到妳打扮起來有這麼美呀！」言畢，他深深地吸了幾口屋內的香氣，然後說：「聞香識女人，這種香水很適合妳，有一種柔情似水的感覺。」

後來，這個組織能力極強的學生會會長開始追求她。知道她喜歡香水，每次約會他都忘不了帶一瓶香水給她，當她問起他看上她什麼時，他對她說：「知道嗎，妳那天有多美，我回去後一直都忘不了看見妳時那一剎那的感覺，我想永遠擁有妳的美麗。」

大學畢業後，她與他因為香水之緣最終走到了一起。婚後，每年她的生日他都忘不了送一束玫瑰花和一瓶她最喜愛的香水。因為這香水，先生和她把各種顏色奇形怪狀的香水瓶也當成了愛不釋手的寶貝。在大學讀書時，記得曾經在一本雜誌上看到港台女明星收集香水瓶的故事，那時她和先生都讀不懂她們的癡情。隨著時光的逝去，現在他們懂了，收集香水瓶就是收藏歲月，收藏愛戀，收藏一個女人畢生的至愛。

透過香水，她深深地感受著與先生的心心相印。今年四月，不知不覺她的生日又來臨了，先生一手舉著玫瑰花，一手舉著一瓶伊麗莎白•雅頓的香水送給她。此時此刻，所有曾經的感覺又湧上心頭，淚水竟然奪眶而出。

先生看著她被深深打動的樣子，一把將她攬進懷裡笑著說：「每個生日我都要送妳香水，直到我們的金婚紀念日，我們守著五十多個五光十色的香水瓶，對著相機的鏡頭笑個不停，我想肯定是一幅有趣的畫面。」聽著先生想像力豐富的妙語，嗅著他脖頸間沾染的香水味，她禁不住笑了。

是香水讓她和先生走到一起的，握著手中這瓶在她第三十六個生日時先生送她的香水，她隱約覺得，金婚紀念日時那瓶香水的幽香正曼妙飄來。

・婚姻可以是愛情的溫床

只要有心人用心對待愛情、愛人和婚姻，愛情就可以在精心呵護下變得更加美麗和溫馨。

最喜歡的東西

一座城市的居民經常與另一座城市的居民打仗，一座城市坐落在高處，另一座坐落在低窪處。處在高處上的城市頭領把高處的水庫打開，窪地的城市被大水圍困，注定要滅亡。水庫打開，呼叫之聲不絕於耳。看到如此的慘狀，處在安全處的受困者做出了一個人道的決定，他們派船去營救落水人。但船隻不多，只能容納極少的一部分人。他們只讓婦女上船，並要求婦女們只能帶自己最喜歡的一樣東西。有的帶上自己的玉鐲；有的帶上自己的金銀首飾；有的帶上自己的銅鏡……她們想這樣既保住了自己的生命，又不會失掉自己的財產。其中有一位婦女肩上扛著自己的丈夫。一個士兵阻攔道：船上只允許上婦女。那位婦女說：這就是我最喜歡的東西。

在那次災難中，落水的男人們唯一倖存的就是那位婦女的丈夫。

•在你心中什麼最重要

永遠把愛人放在第一位，與自己的愛人同生死，共患難，只有這樣，在經歷了風風雨雨後，才能獲得真正的幸福。

歸來

三個男孩，三個女孩，他們到佛羅里達去。他們用紙袋裝著夾肉麵包和葡萄酒，坐上了長途公共汽車，夢想著金黃色的海灘和藍天般的海潮。灰暗寒冷的紐約，在他們後面消失了。

長途汽車隆隆南駛，愛德華引起了他們的注意。他坐在他們的前面，身穿一套不合身的襤褸衣服，動也不動，灰塵滿面，使人看不出他的年紀。愛德華不斷地咬嘴唇，寡言得彷佛處身愁繭，默無一言。

長途汽車深夜駛抵華盛頓郊外，停在路旁一家餐館門外。大家都下了車，只有愛德華沒下，在座位上像生了根似的。這幾個青年覺得奇怪，就猜想他究竟是何等人物：也許是船長，也許是拋妻離家的人，還有可能是解甲歸田的老兵。他們回到車上，有個女孩主動在愛德華旁邊坐下，向他自我介紹。

「我們是到佛羅里達去的，」她爽朗地說，「聽說那兒風景很美。」

「不錯」，他淡然回答，彷佛勾起了想要忘卻的事。

「要喝點酒嗎？」女孩問。他露出笑容，喝了一大口，然後謝謝女孩，接著又悶聲不響了。過了一會兒，女孩回到自己一夥人那裡，愛德華在車上打起了盹。

早上，大家醒來，車已開到另一家餐廳外面，這一次愛德華下車進去了。女孩堅持艾德華和自己一道吃東西。他好像很難為情，但還是坐了下來，叫了杯不加牛奶的咖啡，年輕人閒談著露宿沙灘的事，他卻緊張地抽菸。再上車，女孩又和愛德華同坐，不久，他不勝辛酸地慢慢說出了自己的滄桑。他在紐約坐了四年牢，現在獲釋回家。

「你有太太嗎？」

「不知道。」

「你不知道？」女孩問。

「說來話長，我在牢裡寫信給妻子，」他說，「告訴她我要很久才能回家，要是她受不了，要是孩子老在問這問那，要是她覺得太丟臉，就忘掉我吧。我會理解她的。我曾和她說過要她另找個男人嫁了，忘掉我並且告訴她不必再寫信給我了。之後，在這三年半裡她沒有再來信了。」

「你現在回家，還不知道情形怎麼樣嗎？」

「不知道，」他很靦腆地答，「是這樣的，上周我確定可以假釋，便寫了封信給她。告訴她，小鎮口有棵大橡樹，假如還要我的話，就在樹上掛條黃手帕，我就下車回家。假如不要我，就不必了。沒有手帕，我就不下車，一直走下去。」

女孩被他的故事感動了，她真心希望他能在家鄉的路口看見那條黃手帕，於是一路上女孩瞪大了眼睛望著路邊的橡樹。

「看那邊，」女孩忽然叫了起來，「快看那邊。」

順著女孩手指的方向，愛德華看見在路邊幾百米外的一棵橡樹上飄滿著黃手帕，手帕像一面面小黃旗一樣迎風飄揚，像一張張笑臉歡迎著愛德華。

・愛的包容

愛是世界上最脆弱的，它經不起任何一點刺激和碰撞；但愛又是世界上最堅強的，只要你用心去愛，用心去呵護，它便可以包容下所有的委屈和等待，陪你度過漫漫一生。

壁虎的愛

有一個人為裝修家裡的房而拆開了牆壁。日本式住宅的牆壁是中間架了木板後，兩邊坯擋泥土，然後塗抹上牆漆，牆裡面實際是空的。他拆牆壁的時候，發現一隻壁虎困在那裡，一根從外面釘到裡面的釘子釘住了那隻壁虎的尾巴。那主人覺得壁虎又可憐又好奇，仔細看那根釘子，他很驚訝，因為那是十年前蓋那房子時釘的。到底怎麼回事？那隻壁虎竟困在牆壁裡整整活了十年！在黑暗的牆壁裡生活十年，真不簡單。尾巴被釘住了，一步也走不動的那隻壁虎到底吃了什麼活了十年？

那主人暫時停止了工程。「牠到底吃了什麼？」過了不久，不知從哪裡又爬來了一隻壁虎，嘴裡含著食物……呵，愛！那無比高尚的愛！那生死不變的愛！為了被釘住尾巴不能走動的壁虎，另一隻壁虎這十年裡一直在餵牠，那隻壁虎是母親或父親、夫、妻或兄弟，我們不知道也不一定要知道，但這愛卻是無法忽視的。

・愛的條件是無私

愛是無私的奉獻。

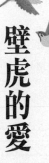

疼痛的玫瑰花

一個成功的男人——允禎——智慧和財富都有了。同樣，逢場作戲的風花雪月故事他亦不缺乏。

允禎的妻子一直為他默默地驕傲著，從貧困走向富足，從失敗走向成功，她瞭解每前進一步都費盡了他無數心血，她常常想，自己只是為他做做飯，洗洗衣，並生了個兒子，比起他的輝煌實在是太渺小了。

他每日在外交際，和各種人打交道，在人群中揮灑自如，往往回到家卻一身疲憊，習慣了她接過外套，端來的咖啡和恰到好處的熱毛巾，然後，酣然睡倒在她鋪好的軟被中。

後來，允禎有了情人，並且不止一個；他學會了賭博，一夜輸掉幾萬；他的脾氣越來越大，不但手下的員工怕他，就是她也漸漸地不敢靠近他。她流過淚，無數次躲在他背後黯然神傷，但她一直堅信他還是愛她的。

秋風夜雨的日子，飯菜漸涼的傍晚，無數次的等待與失望讓她年輕的容顏日漸憔悴，掩飾在一副滿足與快樂外表下的那顆心，也漸漸地裂開並滲出血絲。

終於有那麼一天，他幾乎包下了一家花店所有的玫瑰送人，最後剩下的兩三支，他用透明的花紙包裝起來拿回了家，那是他第一次送她的玫瑰。她沒有意料中的驚喜，只是表情平靜地接過，找到一個久置未用的花瓶灌滿了水將花插了進去。

一天回家，他不經意地發現送她的那幾朵玫瑰正在怒放，似有無限生機從根部湧上來，他很詫異，問她這玫瑰怎麼開了這麼多天？她看著他，緩緩地說：「玫瑰從花枝上剪下來，就注定不會活得太久，因為她太痛，我在那水裡放了幾粒止痛片，所以才開到現在。」

他剎那間悔悟了，眼前的她不就是那遲遲不肯死去的玫瑰嗎？假如玫瑰的傷可以用藥止疼，那麼心靈上的傷用止疼藥能修復嗎？她堅持那麼開放著不就是為了有一天能躺在愛人的懷中不再傷痛嗎？

他流著淚在她的面前悔過，深深地吻了一下她，然後將她和那瓶玫瑰緊緊地摟在懷裡，再也不願鬆開。

・不要傷害最愛你的人

人總是在成功的時候很難意識到什麼對於自己才是最重要的。

半個世紀以前

儘管她已經六十歲了，但依然是位好看的老太太。臉上的紋路，掩不住她挺秀的鼻梁；眼角雖然下墜，但她仍舊有雙輪廓分明的大眼睛，只是眼珠子有點泛灰。

跑在她身旁的，是她的先生。這位矮個子老頭都六十六歲了，卻有著異於常人的健壯，他挺著腰桿慢跑。老太太急忙跟在他後面快步走。

每隔一兩分鐘，他們之間的距離拉遠了，她就喊：「哎！慢一點。」老頭就會慢下來與她並肩而行，活像她手中有線牽著他似的。

但過一會，他跑得興起，不自覺又越過她到前頭去。她又喊：「哎！慢一點。」他這麼一快一慢，離她時遠時近。

他們晨練到公園門口停下來。老頭一本正經地說：「我去買報紙，妳在這裡等，別亂走！」

老太太表現出聽話的樣子點點頭。心裡卻微笑著，享受他帶點跋扈的關切，四十年了！

她站立在公園裡面，忽然聽見小路對面的林子裡傳來一陣鳥叫聲，葉影之中，棲落一隻長尾的大鳥，垂著色彩斑斕的尾巴。是山雞嗎？這裡竟然有山雞？她忍不住走過去看個究竟。

就在過路的時候，出了意外！一個八歲左右的小男孩騎腳踏車飛馳而來。他來不及刹車，老太太砰地一聲被摔倒在地上。

闖禍的小男孩在三米多外把車給刹住了，他把車一扔，匆匆跑向老太太。她正自己慢慢爬起來。幸好，腳踏車只擦到她的衣袖，她一步沒踏穩才跌倒了。小男孩慌慌張張地扶著她的胳膊。

她抬起頭，見到一張蘋果臉，晨曦映在他棕色的眸子裡，他一臉都是焦急的神情，是個好孩子。可是這張臉她在哪兒見過……

突然，兩張畫面在她腦海中交錯出現。

第一張畫面是半個多世紀以前的事，她以為早就遺忘了，現在卻清晰地閃現。那時她也很小，是這個小男孩的年紀。她也跌倒了，像現在。可是並不是被腳踏車帶倒的，而是在人潮中跌倒的。

到處是奔跑的人，跟媽媽被人群沖散了，是在上海吧，遠處傳來槍聲。她給撞倒了，是個小男孩撞的，一個不認得的、有蘋果臉的小男孩。那個小男孩連忙扶起她。一臉焦急，怕她跌壞了，因為她有著一張可愛的臉，她是個漂亮的小女孩。她找不到媽媽，本來非常慌張，但是見他急得只會嚷：「哎呀！哎呀……」她覺得好玩，反而笑了，說：「不怕！不怕！」他倆手拉手跑到街邊，坐在石階上看熱鬧。因為他們太開心，兵荒馬亂的場面反倒像在演戲。他們樂得直拍手掌。不久媽媽找到了她，把她帶走了，以後再也沒有見過那個小男孩。

第二張畫面很熟悉，因為她以前重溫過很多次了！她爬下岩石，赤腳踏入急湍的溪水之中，不小心踏在水裡一塊滿是青苔的石上，一滑身子就溜下水去，他及時一把拉起她，他圓圓的臉佈滿焦急，像整個心都擁在臉上。就從那一刻起，她沒來由地愛上這個助教。以後四十年如藤似地依附在他身上。

當時同學們都不瞭解，她是系花，說什麼也不可能喜歡上那個又矮又胖的助教。以前她也問過自己這個問題，大概這就是一見鍾情吧！也不對，在學校三年，跟他見過很多次，她一直沒有一點特別的感覺，怎能算是一見鍾情呢？為什麼到了三年級系裡去郊遊，他扶了她一下，就會沒頭沒腦地愛上他呢？現在她終於瞭解了：她愛上他，是因為一種人間的善意。

「阿婆，怎麼了，你怎麼了？」小男孩見這位老太太站著直瞪他，瞪得他不知所措。她忙定下神來，親切地摸摸他的頭髮說：「我沒事，小弟弟乖，你去騎你的車吧！」

老頭推開公園的旋門，踏著四平八穩的步子走來。她笑著迎上前去，本想說：「有個祕密你要不要聽？」但見他一本正經的樣子，她就把話咽回去了。老頭說：

「我們回去吧。妳不要彎著腰，駝背不好看。」她跟在他後面快步走，心中想，現在不告訴他，到他不那麼一本正經的時候，在他們入睡之前，最鬆弛，整個身心都敞開的時候，再告訴他當初為何自己會愛上他。

・青春是一首很美的老歌

人到年老，最愜意的事莫過於回想當年。人生需要你付出一種時間來欣賞你自己活出的色彩，當年少時的某個片段不經意跳入你的眼簾，你一定要好好品味，因為你的回憶會因為你的珍視更加美麗。

孔雀的悲哀

正在上班，小林的朋友突然神祕地對小林說：「做一個心理小測驗如何？」

「有五種動物，聽好了，老虎、猴子、孔雀、大象、狗，你到一個從未去過的原始森林探險，帶著這五種動物，四周環境危險重重，你不可能都將它們帶到最後，你不得不一一地放棄。你會按著什麼樣的順序放棄呢？」

考慮良久之後小林說：「孔雀、老虎、狗、猴子、大象。」

「哈哈哈……」朋友大笑起來說：「果然不出所料，你也首先放棄孔雀。知道孔雀意味著什麼嗎？」

朋友一一向小林解釋：「孔雀代表你的伴侶、愛人；老虎代表你對金錢和權力的欲望；大象代表你的父母；狗代表你的朋友；猴子代表你的子女。這個問題的答案，意味著在困苦的環境中你會首先放棄什麼，讓你看看自己是什麼樣的人。」

「孔雀代表我的愛人？」小林一下嚇了一跳。「在困苦的環境中我會最先放棄我的愛人？我是這樣的人嗎？在選擇中，我為什麼首先放棄孔雀呢？因為我覺得孔雀是在艱苦的環境中最不能幫助我的東西。」

小林對朋友的評價很不以為然，於是開始讓許多人來做這個遊戲。正像朋友說的那句話，無一例外大家首先放棄的都是孔雀。

有一天小林給一位朋友打電話的時候突然想起了這個問題，於是也讓他做。這個朋友考慮很久之後說：「猴子、老虎、大象、狗、孔雀。」小林大吃一驚，因為這個朋友是他遇到的唯一一個最後選擇放棄孔雀的人。

「為什麼最後放棄孔雀？」小林一個勁地追問。朋友的回答讓小林倒吃了一驚，朋友說：「你想想，在這所有的動物中，唯有孔雀是最沒有保護自己的能力的，我怎麼能輕易放棄，讓牠身陷於一個危險的環境中呢？」

・態度決定選擇

從一個人的選擇中，或多或少都能看出這個人面對事物的態度。而在選擇的過程中，往往太多地考慮了別人對我們的付出，而不會想到別人同樣也需要我們的付出。

不合腳的破皮鞋

亨利・布拉格小時候學習非常刻苦，後被保送到威廉皇家學院。他總穿著一件破舊的衣服和一雙大很多的破皮鞋，同學們常常譏笑他，說那雙鞋是他偷的。

亨利・布拉格很氣憤。但他克制住自己沒有發作。同學們以為他好欺負，就罵他是小偷，這件事後來被學監知道。一天，布拉格被學監叫到辦公室。布拉格沒作聲，默默地從懷裡掏出一張起毛的紙片，交給教務長。教務長看著怒氣全消了，並面帶笑容，把手放在了布拉格的肩上說：「很抱歉！」布拉格委屈的淚水流了出來。

原來那是布拉格父親給布拉格的一封信，上面寫著：「亨利，我的那雙破皮鞋，穿在你的腳上顯得太大了，也很不好看，很抱歉。我抱著這樣的希望，如果你一旦有了成就，我將引以為榮，因為我的兒子是穿著我的破皮鞋努力奮鬥成功的……」

布拉格沒有讓父親失望，多年後他成為一名物理學家。

・給予關愛

每一個人對他人多付出一點信任，多給予一些關愛，世界會變得更加精彩。

自己的位置

邁克在高中未畢業時，校長便通知他母親把他領回家，母親很傷心，決定用自己的力量把兒子培養成才，但是邁克對讀書實在不感興趣，只對那些亂七八糟的木頭石頭情有獨鍾。以致於沒有一所大學肯錄取他，母親失望了，對邁克說：「你走自己的路吧，沒有人再對你負責，因為你已經長大了！」

他很難過，告別了母親，他決定到他鄉尋找自己的事業。許多年後，市政府為了紀念一位名人，決定在一個廣場上置放名人的雕像。眾多的雕塑大師紛紛獻上了自己的作品，最後入選的是一個遠道而來的雕塑大師的作品，他的作品獲得了市政府及專家的認可，在開幕式上，這位雕塑大師說：「我想把這座雕塑獻給我的母親，因為在讀書時我的失敗太令她失望和傷心，現在我要告訴她，大學裡雖然沒有我的位置，但生活中總會有的。我想對母親說，希望今天的我不會讓她再次失望。」

・找到屬於你自己的位置

人只有在為自己的興趣和志向去追求和努力的時候，才會覺得人生的意義。

香菸

小迪思與夥伴們在一起吸菸，被嚴厲的父親發現了。

「這下可完了！」小迪思恐懼地想。

他一踏入家門，看見父親在門廳坐著，就知道事情已經很嚴重了。

「你抽過幾次了？」父親平靜地問。

「沒抽幾次……」小迪思用微弱的聲音回答，他真希望父親能狠狠揍他一頓，總比這樣不動聲色地等下去要好得多。

「我從來沒有抽過，你能告訴我那是什麼滋味嗎？」父親把手放在了迪思的肩上。

迪思羞愧極了，頭埋得更低了。

「孩子，你將來不是想要做一名優秀的足球運動員嗎？運動員可要有良好的身體素質，你的理想還在嗎？」

「還在……」迪思小聲說著。

「那你從現在開始就要克服身上的壞毛病，否則你的理想就無法實現！」父親嚴肅起來了。

「爸爸，我保證今後再也不碰香菸了！」小迪思神情堅定地說。

十幾年後，當年那個再也沒有碰過香菸的男孩子終於成為一位聞名世界的球員。

・征服自我

偉大的目標能夠給人提供不斷前進的動力，透過不懈的努力去實現目標，那麼前進道路上的困難就會變得渺小而不足掛齒。然而，人最大的敵人就是自己，自己的行為與自己的理想作對，自己常會在不自覺之中在自己前進的道路上設一些絆腳石。切記：在前進的途中，倘若想要征服一切，你就得先征服你自己。

愛的理由

記得那天，我借了你的新車，我撞凹了它，我以為你一定會殺了我的，但是你沒有；記得那天，我在你的新地毯上吐了滿地的草莓餅，我以為你一定會厭惡我的，但是你沒有；記得那天，我忘了告訴你那個舞會是要穿禮服的，而你卻穿了牛仔褲，我以為，你一定會向我發怒，但是你沒有；是的，有許多的事我都沒有做，而你容忍我、鍾愛我、保護我，有許多許多的事情我要等你從越南回來回報你，但是你沒有。

這是一位普通美國婦女的詩作，她的丈夫應徵入伍去了越南戰場，後來陣亡。她終身守寡，直至年老病逝。她的女兒在整理遺物時，發現了母親當年寫給父親的這首詩。

你沒有成為我的新娘，你沒有在那個路口回頭，你沒有說清楚為什麼，你沒有……你以為我會恨，會有新的愛情，會忘記一切，會……，但是我沒有。

‧愛是不需要理由

愛一個人是不需要理由的，因為愛本身就是最大的理由。

第八章

愛的領悟

愛情就像是一輛高票價旅行車，雖然要付出昂貴的代價，

但終是有來有往，有去有回；而友情則像是兩輛行駛的車，

可以選擇任何一輛，任何一種方向，

無論走得有多遠，終歸你是你的，我是我的。

用心，愛就會緊握在你手中，每天你都能感受到新的領悟。

點燃心靈之火

祖父母兩人畢生精心經營著一個農場，祖父常說，工作是生活的核心，他們養了奶牛、雞、豬，還種植各種蔬菜，自給自足，樂在其中。即使在經濟大蕭條的那段歲月裡，他們也未受太多的影響，而那段歲月裡的確有許多人失掉工作，流離失所，有的甚至漂泊到這個遠離城市的農場來。

祖父記得，第一個來到他們農場的是個衣衫襤褸但舉止文雅的人。他摘掉帽子向祖父行了禮，然後解釋說自己已經兩三天沒有進食了，希望能找點活兒幹。祖父打量了他一下，回答道：「後院圍牆邊有堆木柴，我想請人把它們搬到院子的另一邊。你在午餐前會有足夠的時間搬完它們的。」說著，他伸出結硬繭的大手緊緊握了一下那男子的手。

祖母回憶說當時那人眼睛霍地一亮，然後就匆忙跑到後院開始工作，她則在餐桌前添了一張凳子，又特意烤了一張蘋果餅。午餐時，那陌生人極少說話，但當他離開時，他的腰板卻直了許多。

「沒有什麼比失去自尊對一個人的打擊更大了。」祖父後來解釋說。

那人走了幾天後，另一個人來到農場請祖父給點食物吃。這人穿了套西服，還隨身帶了一只有些破舊的手提箱。當時祖父正在割草，他擦了擦手，也對那人道：「我後院牆邊有一堆木柴，希望你能幫我把它們搬到院子的另一邊，然後我們全家將高興能與你共進午餐。」那人立即脫下西服，投入工作……

祖母說她已不記得那時曾有多少陌生人去過他們的農場，並且與他們一同用餐，更不記得後院中的那堆柴火被搬來搬去多少次，但她與祖父都曉得，在那段日子裡，那堆乾柴，點燃多少人們心靈的希望之火。

・尊重別人比施捨更有意義

勞動更深的意義是：賦予物質報酬的同時，也給予你對自我的肯定與尊重。

愛的連鎖反應

有一間精神病院，在陰暗潮濕的地下室，關著一個被醫生宣告無救的精神病人，這人名叫安妮。但是有一位老護士卻認為上帝造就每個生命都是有意義的，因此，她常常帶著蛋糕和甜點去探訪小安妮。一段時日後，這個被醫生認為絕望的病人居然康復了！但病癒後的小安妮不想離開醫院，她希望留在那裡幫助其他病人。

許多年後，一個名叫海倫・凱勒的女孩被送進了這間精神病院，和當初的安妮一樣，她也被醫生宣佈為無法醫治了，但在以後很長的時間裡，安妮像當初關心她的老護士一樣細心地照顧著海倫。數年以後，當維多利亞女皇把英國最高的榮譽勳章別在海倫・凱勒身上時，女皇問道：「你又聾又瞎，何以能有如此大的成就？」海倫・凱勒毫不遲疑地說：「如果不是安妮，絕對沒有人會知道海倫・凱勒這個名字。」

・唯有愛能使不可能變成可能

愛是世界上最神奇的禮物，當你願意真誠而友善地付出一份愛心時，你會驚訝於它所帶來的巨大回報。

帶油老人

有一位老人，無論走到什麼地方，身邊總帶著一小瓶油。如果他走過一扇門，發現門上發出軋軋的響聲來，他就倒一些油在鉸鏈上。如果遇到一扇難開的門，他就會多塗一些油在門閂上。他就是經常默默地做這種加油的工作，許多人因他的舉動得到很大的方便，也減少了許多令人不舒服的噪音。

・善良是付諸行動的愛

你能否如同這個帶油的老人一樣，將恩典與美善帶給周圍的人，使別人從你的身上得著益處？試著為周圍的人做一些善事，哪怕只是微不足道的一件小事。

帽子

蘇珊念一年級的時候，醫生發現她那小小的身體裡面竟長了一個腫瘤，必須住院接受三個月的化學治療。出院後，她顯得更瘦小了。更可怕的是，原先她那一頭美麗的金髮都快掉光了。對於她這樣一個六七歲的小女孩來說，這是件非常殘酷的事情。

老師理解小蘇珊的痛苦。在蘇珊返校上課前，她熱情而鄭重地在班上宣佈：「從下星期一開始，我們要學習認識各種各樣的帽子。所有同學都要戴著自己最喜歡的帽子到學校來，越新奇越好！」星期一到了，離開學校三個月的蘇珊第一次回到她所熟悉的教室，但是，她卻站在教室門口遲遲沒有進來，因為她戴了一頂帽子。可是，使她感到意外的是，她的每一個同學都戴著帽子，和他們那五花八門的帽子比起來，她的帽子顯得普普通通。她輕鬆地笑了，笑得那樣甜，笑得那樣美。日子就這樣一天天過去了。現在，蘇珊常常忘了自己還戴著一頂帽子，而同學們呢？似乎也忘了。

• **善良是稀有的珍珠**

做一件小小的善事遠比做一件大事要來得容易。

值得

有一年的冬天，威利繼承了一個牧場。有一天，他養的一頭牛，因衝破附近農家的籬笆去齧食嫩玉米，被農夫殺死了。按照牧場規矩，農夫應該通知牛的主人，說明原因。但農夫沒這樣做。他發現了這件事，非常生氣，便叫一名工人陪他騎馬去和農夫理論。

他們半路上遇到寒流，人和馬身上都掛滿冰霜，兩人差點凍僵在路上。抵達木屋的時候，農夫不在家。農夫的妻子熱情地邀請兩位客人進去烤火，等她丈夫回來。威利烤火的時候，看見那農夫的妻子消瘦憔悴，也發覺五個躲在桌椅後面對他窺探的孩子瘦得像猴兒似的。

農夫回來了，妻子告訴他威利和工人是冒著狂風嚴寒來的。威利剛要開口跟農夫理論，忽然決定不說了。他伸出了手。農夫不曉得威利的來意，便和他握手，留他們吃晚飯。「二位，我現在只好請你們吃些豆子了，」他抱歉地說，「因為剛剛正要宰牛時，忽然起了風雨，只好明日再殺。」

在吃飯的時候，工人一直等待威利開口談論殺牛的事，但是威利卻只跟這家人說說笑笑，看著孩子一聽說從明天起幾個星期都有牛肉吃，便高興得眼睛發亮。

飯後，風仍在狂刮，主人夫婦一定要兩位客人住下。兩人於是又在那裡過夜。第二天早上，兩人喝了黑咖啡，吃了熱豆子和麵包，肚子飽飽的上路了。威利對此行來意依然閉口不提。工人就問他：「我還以為你為了那頭牛要大興問罪呢。」

威利半天不作聲，然後回答：「我本來有這個念頭，但是我後來又盤算了一下。你知道嗎，我實際上並未白白失掉一頭牛，我換到了一點人情味。世界上的牛何止千萬，人情味卻很少見的。」

・多一點人情味

人活在世上，有遠比金錢、物質和榮耀更重要的東西，那就是人與人之間的情義。沒有人情味的世間將是一片黯淡，任何事物都好像沒有了生命。而這人情味的換得，並不需要你付出很多，往往只需要你小小的讓一步，用一顆體諒包容的心去關愛身邊的人。

感念陌生人

在托爾斯泰晚年的著作《生活之路》中寫過一個旅店主人的故事：

從前有一個好心人，希望盡可能多地為人們多做一些善事，為此他常常琢磨要怎麼做才能不使任何人受委屈，讓每一個人都受益。後來這個好心人想出了一個主意，在人來人往的地方建了一座旅店，旅店裡設置了所有能讓人們感到舒適和高興的設施。這個好心人在旅店裡打造暖和的客房、上好的壁爐、準備木柴、燈等，庫房裡裝滿了各種糧食，地窖裡儲藏著蔬菜，還備有各種水果、飲料、被褥、各式各樣的的服裝、靴子。好心人做好這一切之後就離開了，於是陸續有些人來借住，吃點東西，喝點水，住上一夜，要不就待上一兩天，或者幾個星期。誰有需要皆可任意拿那些衣服、靴子穿著。離開前將東西收拾好，保持來之前的樣子，以便別的旅客接著用即可，走的時候大家心裡很感激那個不知名的好心人。

人生中還有很多這種與陌生人的際遇。

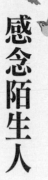

一個瞎子在路上走，另外一個人過來把他引領他走在正確的道路上。可是瞎子卻不知道給他指路的人是誰。

一個人正在酣睡，忽然一條毒蛇昂著頭向他爬了過來，另一個人趕過來一刀把毒蛇殺死，可是酣睡者卻依然在夢中。

當半夜時分，生病的旅行者發出沈重呻吟的時候，有一個人一直服侍他到天明。清晨，旅行者死了。可是他到死也沒有認清這位幫助他的人是誰。

一個人走在路上，把水果送給孩子們，在沙漠中把水送給了一位渴得要死的人，把自己的乾糧平分給飢餓者。可是，誰也不與他相識。

・只有遍地是愛才能人人都享受愛

人與人之間的愛與信任應該像火炬一樣一手一手地傳下去。

相信陌生人

海格因為有事想約朋友出來，剛巧手機的電池沒電了，只能到處找公用電話。

他記得不遠處的街口有個投幣電話，便快步奔去，只見一位中年婦女正拿著話筒通話，口氣又快又急，額頭冒著汗珠，邊說話邊投幣。當海格趕到時，這位婦女重重地掛上電話對海格說：「別打了，這電話機壞了！」海格根本不相信，因為他明明看到她在通話，還說什麼「電話機壞了」！

海拿起話筒就撥朋友的手機號碼，電話通了，對方卻說：「打錯了，這裡沒有這個人。」

他趕忙改撥朋友家的電話：「什麼呀，我們這裡是醫院。」這下可把海格搞糊塗了，他又重新撥朋友的手機號碼，依舊說是打錯了。經過五六個來回的折騰，海肯定這電話機有幾個號碼錯位了，於是他索性來個將錯就錯，故意將開頭的五錯撥為六，想不到竟然通了。但剛與朋友講了兩句話，話音就斷了，他只能重新投幣，然而通話越快，投幣也越快，等到通話結束，他累計投幣已十二次，比叫計程車的代價還貴。

海格氣呼呼地掛上電話，身後馬上奔過來一位身穿紅衣服的小姐要打電話，他趕忙搖搖手說：「小姐，別打了，這電話機壞了！」說完便扭頭要走。只見這位小姐嘿嘿一聲冷笑：「神經病，明明剛才看到你在通話，還說電話機壞了，我才不上這個當呢！」海格脹紅了臉，不知如何回答才好。

・信任

信任對於人來說是一件很重要的德行，一旦有了信任，就可以在辦事時達到事半功倍的效果。相反，如果不那麼信任，事情將會或多或少地受到阻礙。雖然我們不應該事事都信人，但有時，我們應該適時的信任他人，這樣對我們辦事、交友都能有益處。

一路平安

那是一個春天裡的好天氣，可是楠楓卻絕望到了極點，一個人縮在北行的列車裡，窗外無邊的風景也無心欣賞。

車過一個縣城時，上來一個青年。手裡卷著本書，指著對面的空位問楠楓：「請問這個位置有人坐嗎？」

楠楓戒備地看了他一眼，車裡很空，他也似乎來回地走過，而自己畢竟是一個獨行的女孩……越想越怕，倒是他樸素的裝束多少解除了一點兒楠楓的擔心。

楠楓勉強地點了一下頭，依舊整理她的東西。旅行包的拉鏈壞了，她只好把一些東西倒到另外一隻包裡。不小心，一包貝殼從小袋裡滑下來，散了一地。青年急忙俯下身去，替楠楓一一拾起。明澈的目光閃著興奮，很有把握地問：「從花蓮來的，是嗎？」

楠楓點了一下頭。

「是來看海，還是看朋友，還是都有？」

「算是第一種吧。」

「跑這麼遠，只為了看海！」

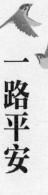

青年對楠楓的謊言倒是頗為欣賞：「沒有讀過高中的女孩就顯得沒有個性。」頓了頓又說：「妳一定是個大學生，而且比我小。」

「可是我已經在工作了，而且年紀也一定比你大。不過我看出你一定是個學生。」楠也學著他的口吻說。

待楠楓報出年齡後，他單純地笑了，很友善，很坦蕩，讓楠楓不禁想起了童年的小夥伴。他仍然固執地說：「如果讓別人來評判，一定都會說是我大，也許是因為我長得蒼老的緣故。」

楠楓被他逗樂了。許多天來，楠楓幾乎忘記了自己也還會笑。

他很幽默，也很健談，他告訴楠楓再過兩個月就畢業了，是學市場行銷的，想從銷售做起，而且要不斷地向更高目標奮進，看著他躊躇滿志和飛揚的神彩，楠楓憶起了自己剛畢業時的一些情形，但她卻不忍心向他潑冷水。

不知什麼時候，廣播裡傳出了那首讓人蕩氣回腸的《滾滾紅塵》。

「很喜歡三毛，是嗎？」

楠點了點頭，告訴他《滾滾紅塵》是三毛演繹的另一位天才女作家張愛玲的愛恨情仇。

他聽得很專注，末了問楠楓：「你一定也戀愛過。」

楠楓不置可否地笑了笑，一絲淒然的感覺悄悄地掠過心隅。

他說他還沒有真正地戀愛過，但他很嚮往那些天荒地老的故事。

下車後他才告訴楠楓，他一上車就發現她很憂鬱，思忖再三才決定坐她的對面，想陪她說說話，想讓她快樂……

楠楓頓覺心如潮湧，面對茫茫的塵世，有什麼能比美好靈魂的對視與交流更讓人心動。

握別時，他鄭重地向楠楓道了聲：「一路平安。」楠楓目送了他很久。

三年過去了。楠楓常常想起那句平安祝福和那位萍水相逢的青年。一句平安祝福也許無力於生活的風浪，但心中多珍藏一份關愛，就多了一份面對生活的勇氣。

・給陌生人快樂

在忙忙碌碌的生活中，你總會一個接一個地認識新的朋友。在交往中有的朋友失去了聯繫，有的朋友關係更加親密，有的則會成為仇人。而旅行、工作途中認識的一面之交的朋友，有時卻能使你銘刻在心，不願忘懷，而這就是生活的魅力。

利息

在一次階段測驗中，一個男生的國文考了五十九分。他找到老師說：「老師，您就再給我的作文加一分吧，就一分。求您了！」老師說：「作文絕對不給加分；但是，可以給你把總分改成六十分，先借給你一分。不過你可要想好啊，這一分不能白借，是要還利息的，借一還十，下次考試要扣掉你十分，怎麼樣？要是覺得不划算就不要借了。」

男生咬了咬牙說：「我借。」結果，在下一次測驗中，他國文考了九十一分，扣掉十分，還有八十一分。

・愛是一桿秤

在每個學生心中都會有一桿秤，老師的份量不見得就是職稱、名氣、發表的論文數，而是對學生的用心與理解。

喝茶

曾國藩某次去一座寺廟參觀，寺僧看他其貌不揚，以為是一個普通遊客，所以只淡淡地招呼他：「坐」，「茶」。第二次他再去寺廟時，穿著較為華麗整齊，寺僧才稍稍禮待。吩咐小和尚：「請坐」、「泡茶」。第三次他再去時，大家都知道他就是有名的兩江總督。所以寺僧非常恭敬地迎接他，並且再三地招呼他：「請上坐」、「泡好茶」。寺僧把握這難得的機會，捧出文房四寶，請他題字留念。

曾國藩提筆就寫：「坐，請坐，請上坐。」、「茶，泡茶，泡好茶。」看得寺僧無地自容。

•一視同仁

生活或許不公平，它讓一些人擁有財富，一些人擁有權利，而賜予你的卻可能很少，但，無論如何，你都應該做到：對少數人推心置腹，對眾人要一視同仁，對任何人都不應虧負。只有這樣，你才能生活得更加快樂和開心，才能有機會獲得更多的幸福。

生命中最棒的時光

再過兩天比利就三十歲了。對於即將到來的這個嶄新的十年，他感到十分不安，他害怕生命中最棒的時光漸漸地離他遠去。

照慣例，上班前比利都會到健身房運動一下，每天早上他都會在那兒看見朋友尼克。他已經七十九歲，但是身材卻棒得很。在那特別的一天，當比利向他打招呼時，他注意到比利不像往常那麼富有活力，便問他發生了什麼事。比利告訴他自己對即將到來的三十歲大關感到焦慮。他懷疑當自己活到像尼克一樣的年齡時，會怎樣回頭看自己的人生，所以就問他：「尼克，你生命中最棒的時光是什麼時候？」

尼克毫不遲疑地回答：「當我在奧地利還是小孩時，所有事情都被照顧得好好的，而且我被雙親呵護養育著，那是我生命中最棒的時光。」

「當我在學校裡學習新的知識時，那是我生命中最棒的時光。」

「當我找到第一份工作而且背負責任，以自己的努力獲得薪酬時，那是我生命中最棒的時光。」

「當我到加拿大組成一個家庭時，那是我生命中最棒的時光。」

「第二次世界大戰爆發，妻子和我必須逃離奧地利以求活命。當我們進入北美的船舶領域，而且我們安全地在一起時，那是我生命中最棒的時光。」
「我還是個年輕的父親時，看著孩子們的成長，那是我生命中最棒的時光。」
「現在，我已七十九歲了。我擁有健康，感覺很好，而且與妻子就像當初相遇時那樣地相戀。這就是我生命中最棒的時光。」

‧生命中最棒的時光

不同的人對於生命的要求和定義是不同的，因而不同的人對於生命中最棒的時光的定義是大不相同的，不過，有一點是肯定的，只有一個懂得珍惜時光，愛惜親人的人才會擁有更多的美好時光。

請為我拉上一曲

院外，那如泣如訴的哀婉動人的曲調，好像在表白著他的內心世界，也吸引著女孩為它歡喜為它感動。

老人很少說話，彷彿二胡就是他全部的生命。

院子裡，一個清瘦的女孩望著窗外的落日發呆。她多想看看外面的世界到底又發生了多大的變化，哪怕能讓她走出小屋，帶回一縷溫暖的陽光也行。

可是父母不讓她去，說她照顧不了自己，因為她與別的女孩不同。於是她就只有在小屋裡編織很多很多的夢。

其中最甜美最讓她激動的夢就是拄著拐杖，背著一個好大好大的行囊，驕傲自豪地走遍天涯海角，永遠不再想起這窒息的小閣樓。

自從高考落榜後，她就把自己一直關在小樓上，像隻不能見到陽光的地鼠，自卑得連一點點聲響也承受不起。

太陽慢慢下山了，女孩的眼睛開始黯淡。

夜，多麼漫長。女孩把手伸向窗外，想把白天的盡頭拉住，陪伴她煎熬滿心的憂傷。

老人的《春江花月夜》委婉動人的曲調，是唯一能給女孩帶來一點生氣的。那是一位賣藝老人，無兒無女，獨身一人長年漂泊在外。自學簡譜、指法、弓法，拉起二胡如醉如癡。

他從未在正式的舞臺上演出，他說：「隨便坐地就拉，舞臺總是虛的。」

女孩想，老人內心很苦，要不怎麼會把《賽馬》那麼激昂的曲調拉得跟馬失前蹄似的悲淒切切。

二胡中自有老人自己的世界吧，每一首曲子他都有自己的詮釋扣理解呢。每天，女孩把心繫在老人那把老朽的二胡上，似乎在跳動的音符裡能吸到新鮮多氧的空氣。老人總是反反覆覆地拉《江河水》，像在吟誦一首遙遠的詩歌。

老人很少說話，女孩說：「爺爺，你的嘴像是一扇緊閉的窗戶，你跟我說說話吧。」

老人深切地看看她，又笑了。

女孩提起筆，把老人的音符寫成一首首小詩。屋子裡，滿地都是配樂的詩稿。女孩要把二胡與老人的故事告訴給所有的人。

這是女孩目前最有信心去做的一件事。

詩稿寄出後，女孩盼著，望啊，幾月過去了。她氣餒地想，醜小鴨不會成功的，不會有未來，陽光不會給她厚愛。

天，依然是藍的；街道依然是忙碌的。終於有一天，女孩收到了郵遞員送來的大大的信封，女孩寫的詩歌發表在文學雜誌上，女孩達到了自己的心願。

・人生的歌是自己譜寫的

不同的人生有自己不同的唱法，但是相同是的，不同的人生都是有曲折平緩，有跌宕起伏的。但無論是怎樣的生活，都有它與眾不同和震憾人心的地方，只要你用心欣賞自己，努力去好好生活，你就會發現生活的美好，譜寫出一曲屬於自己的悠揚的人生之歌。

佛桌上開出的花朵

朝陽升起之前，廟前山門外凝滿露珠的春草裡，跪著一個人：「師父，請原諒我。」

他是某城的風流浪子，二十年前曾是廟裡的小沙彌，極得方丈寵愛。方丈將畢生所學全數教授，希望他能成為出色的佛門弟子。他卻在一夜間動了凡心，偷下山去，五光十色的城市遮住了他的眼目，從此花街柳巷，他只管放浪形骸。

夜夜都是春，卻夜夜不是春。二十年後的一個深夜，他陡然驚醒，窗外月色如洗，澄明清澈地灑在他的掌心。他忽然深自懺悔，披衣而起，快馬加鞭趕往寺裡。

「師父，你肯饒恕我，再收我做弟子嗎？」

方丈深深厭惡他的放蕩，只是搖頭。「不，你罪過深重，必墮地獄，要想佛祖饒恕，除非——」方丈信手一指供桌，「連桌子也會開花。」浪子失望地離開了。

第二天早上，方丈踏進佛堂的時候，嚇了一跳：一夜間，佛桌上開滿了大簇大簇的花朵，紅的、白的，每一朵都芳香逼人，佛堂裡一絲風也沒有，那些盛開的花朵卻簌簌急搖，彷佛是焦灼的召喚。

方丈在瞬間大徹大悟。他連忙下山尋找浪子，卻已經來不及了，心灰意冷的浪子重又墮入他原本的荒唐生活。

而佛桌上開出的那些花朵，只開放了短短的一天。

是夜，方丈圓寂，臨終遺言：

這世上，沒有什麼歧途不可以回頭，沒有什麼錯誤不可以改正。一個真心向善的念頭，是最罕有的奇蹟，好像佛桌上開出的花朵。而讓奇蹟隕滅的，不是錯誤，是一顆冰冷的、不肯原諒、不肯相信的心。

・學會相信和原諒

這世上，沒有什麼歧途不可以回頭，沒有什麼錯誤不可以改正。一個真心向善的念頭，是最罕有的奇蹟，好像佛桌上開出的花朵。而讓奇蹟隕滅的，不是錯誤，是一顆冰冷的、不肯原諒、不肯相信的心。

最好的結局

美國前總統雷根，在他未成為總統之前，有一次他和家人在一起打牌。那一天，雷根的手氣特別不好，連連出現敗局，於是他一再抱怨，邊摸牌邊搖頭歎氣。

這時，他的母親把手中的牌攤在了桌上，沒有言語，只是緩慢地站了起來。母親注視著她的兒子，雷根莫名其妙地看著母親。這時，只聽母親鄭重地說道：「孩子，你今天的手氣的確不好，但要記住，不管你摸到的是什麼牌，你一定要珍惜你手中所擁有的，以求最好的結局。」

雷根記住了母親的訓導，並將它作為人生的重要信條之一，憑藉著這一信條和雷根的努力，在多年後他終於創立一份輝煌的事業。

．求得最好的結果

珍惜你手中所擁有的，以求最好的結果。人只要活著，誰也不會一無所有，最起碼，你擁有健康的生命，將你的生命發揮到最佳狀態，成功將指日可待。

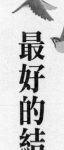

記載

父親沈默寡言，難得提起他的童年，但是有一天他告訴兒子，他八歲時，他的祖父在樹下的地上指著馬留下的蹄印對他說：「埃爾，你上學讀書，這是件好事。你既然讀書識字，現在告訴我這匹馬的蹄印裡寫的是什麼？」。

「爺爺，蹄印裡沒有字。」

「埃爾，裡面是寫了東西的，你必須懂得。」

「可是我什麼也看不出來。」

「如果你看仔細些，你就可以看出這是一匹灰色母馬的蹄印。蹄鐵上已經掉了三個釘子。假如它就這樣進城，就會失落蹄鐵並受傷回來。埃爾，你懂嗎？有些記載是不用文字的。一個人必須懂得閱讀這些才行。」

‧智慧之眼

人生的智慧法則通常是在我們取得經驗之後得出來的。書本上並不能得到我們需要的所有的東西，從實踐中吸取經驗，能使我們在世上生活得更加快樂。

▶ 生命中最棒的時光 ： 130個關於愛的故事（讀品讀者回函卡）

■ 謝謝您購買本書，請詳細填寫本卡各欄後寄回，我們每月將抽選一百名回函讀者寄出精美禮物，並享有生日當月購書優惠！
想知道更多更即時的消息，請搜尋"永續圖書粉絲團"

■ 您也可以使用傳真或是掃描圖檔寄回公司信箱，謝謝。
傳真電話：（02）8647-3660　　信箱：yungjiuh@ms45.hinet.net

◆ 姓名：　　□男　□女　　□單身　□已婚

◆ 生日：　　□非會員　　□已是會員

◆ E-Mail：　　電話：（　）

◆ 地址：

◆ 學歷：□高中及以下　□專科或大學　□研究所以上　□其他

◆ 職業：□學生　□資訊　□製造　□行銷　□服務　□金融
□傳播　□公教　□軍警　□自由　□家管　□其他

◆ 閱讀嗜好：□兩性　□心理　□勵志　□傳記　□文學　□健康
□財經　□企管　□行銷　□休閒　□小說　□其他

◆ 您平均一年購書：□ 5本以下　□ 6～10本　□ 11～20本
□ 21～30本以下　□ 30本以上

◆ 購買此書的金額：

◆ 購自：　　市（縣）
□連鎖書店　□一般書局　□量販店　□超商　□書展
□郵購　□網路訂購　□其他

◆ 您購買此書的原因：□書名　□作者　□內容　□封面
□版面設計　□其他

◆ 建議改進：□內容　□封面　□版面設計　□其他
您的建議：

剪下後傳真、掃描或寄回至「22103新北市汐止區大同路三段194號9樓之1讀品文化收」

廣 告 回 信
基隆郵局登記證
基隆廣字第 55 號

2 2 1-0 3

新北市汐止區大同路三段 194 號 9 樓之 1

讀品文化事業有限公司　收

電話/(02)8647-3663　傳真/(02)8647-3660

劃撥帳號/18669219　永續圖書有限公司

請沿此虛線對折免貼郵票或以傳真、掃描方式寄回本公司，謝謝！

讀好書品嘗人生的美味

生命中最棒的時光：130個關於愛的故事